Einfach erben

Ira Kröswang

Einfach erben

Wie Sie fair und lösungsorientiert mit einer Erbschaft umgehen

Campus Verlag
Frankfurt/New York

MIX
Papier | Fördert gute Waldnutzung
FSC® C089473

ISBN 978-3-593-52174-9 Print
ISBN 978-3-593-46338-4 E-Book (PDF)
ISBN 978-3-593-46337-7 E-Book (EPUB)

Umschlaggestaltung: h, h, hamburg
Umschlagmotiv: © Ground Picture/Shutterstock
Umschlagfoto: Joschija Bauer, © privat
Satz: WMTP Wendt-Media Text-Processing GmbH, Birkenau
Druck und Bindung: Beltz Grafische Betriebe GmbH, Bad Langensalza
Beltz Grafische Betriebe ist ein Unternehmen mit finanziellem Klimabeitrag (ID 15985-2104-1001).
Printed in Germany

Campus Verlag®/www.campus.de

Inhalt

Warum mich das Thema Erben bewegt

An dieser Stelle könnte ich Ihnen viel über meinen aussagekräftigen Werdegang und meine Qualifikationen erzählen – doch am Ende zählen für mich wirklich die Beweggründe, die mich dorthin gebracht haben, wo ich heute stehe. Die Gründe, die mich zu dem Menschen gemacht haben, der ich heute bin und als der ich mit diesem Buch zu Ihnen sprechen möchte.

Wie bei vielen wurden auch meine wesentlichen Ideale und Grundüberzeugungen in recht frühen Jahren gesetzt. Als ich etwa elf oder zwölf Jahre alt war, überfiel mich immer öfter ein bestimmtes Gefühl: Ich empfand die Welt zunehmend als ungerecht. Manche Dinge, die da um mich herum abliefen, waren einfach unfair. Ich erkannte bestimmte Aussagen, Ereignisse, Abläufe, die in einer gerechten Welt so nicht stattfinden sollten. Das war die Geburtsstunde meiner Mission: Ich wollte, dass alles im Leben fair war. Allerdings bedeutet Fairness nicht, dass man recht hat, nicht wahr? Denn wenn man recht hat, hat ein anderer zwangsläufig unrecht. Der nächste Schritt war also, mich zu fragen: »Was ist gerecht?«

Wir alle leben in unserer eigenen kleinen Welt mit unseren eigenen Regeln und Standards. Was ich als gerecht empfinde, empfindet ein anderer vielleicht als ungerecht. Und in der großen Welt um uns herum treffen immer dann, wenn sich Menschen begegnen, all diese kleinen individuellen Welten aufeinander. Wenn wir also nach Harmonie streben, dann müssen wir lernen, diese kleinen inneren Welten, unsere Egos, in Schach zu halten. Nur so können wir neben unserer eigenen auch die Stimmen aus den inneren Welten anderer hören; nur so können wir andere Meinungen kennenlernen, andere Perspektiven und Verletzlichkeiten. Nur so kann ich in meiner Welt lernen und einen

Grundnenner finden, der mir erlaubt zu beurteilen, was gerecht ist und was nicht.

Als Kind war ich begeistert von der Fernsehserie *Matlock*. Die Hauptfigur Matlock, obwohl Anwalt, dachte und handelte mehr wie ein Detektiv denn ein Jurist. Diese Mischung aus Anwalts- und Detektivarbeit faszinierte mich und weckte in mir den Wunsch, genauso eine Art Anwältin zu werden und für Gerechtigkeit in der Welt zu kämpfen. Wie das Leben so spielt und durch diverse Erfahrungen und berufliche Praktika auch noch beeinflusst wird, wandelte sich dieser Wunsch bald geringfügig um und ich beschloss, Notarin zu werden.

Das fünfjährige Studium reichte aus, um mir zu zeigen, dass das permanente Vorlesen, eine typische Notartätigkeit, meinem Wesen nicht wirklich entsprach. Doch noch bevor ich mich in einem unliebsamen Beruf gefangen sah, bekam ich meinen ersten Fall einer Nachlassabwicklung. Hier konnte ich endlich detektivisch ermitteln und, fast wie Matlock, am Ende für Gerechtigkeit auf allen Seiten sorgen. Denn dieser Fall setzte voraus, dass ich eine Erbengemeinschaft fair behandelte, also jeden einzelnen Erben in seinen Bedürfnissen und Ansprüchen wirklich sah. Diese Erfahrung musste erst mal sacken. Nach dem Abschluss beschloss ich also zunächst, ein wenig zu reisen, mir die Zeit und die Möglichkeit zu geben, möglichst viele verschiedene kleine Welten und vieles von der großen Welt zu sehen. Diese Pause war notwendig, denn sie führte mich zu den Ursprüngen meines Wesens. Von da an hieß es also: Jetzt wird nicht mehr weggelaufen! Nach meiner Rückkehr stieg ich direkt in die Selbstständigkeit ein und spezialisierte mich auf die Nachlassverwaltung.

Zugegeben: Die ersten Jahre waren schwer. Ich musste mich mit Nebenjobs über Wasser halten und viele Fortbildungen machen, um auf diesem Gebiet einen Expertenstatus zu erlangen. Doch nach etwa drei Jahren harter Arbeit und akribischer Weiterbildung drehte sich das Rad und ich konnte genug Fälle annehmen, um davon leben zu können. Inzwischen betreue ich mit meiner Kanzlei mehrere Hundert Nachlassfälle parallel und bin glücklich, jeden Tag aufs Neue spannende und herausfordernde Aufgaben zu meistern. Dieses Feld ist so abwechslungsreich, dass ich gar keine andere Wahl habe, als mich ständig weiterzuentwickeln, jeden Tag mehr zu lernen und mit jedem neuen

Fall als Mensch und als Spezialistin zu wachsen. Und genau das liebe ich an meiner Arbeit.

Dieses Buch wäre ohne einige Mitstreiter nicht zustande gekommen. Deshalb möchte ich Danke sagen:

- Campus und hier vor allem Valesca Schober für die Einordnung meiner Inhalte aus Leser- sowie Verlagssicht,
- Dirk, der mich zum Schreiben dieses Buchs motivierte,
- Susanne Bachmann, die dem Ganzen schließlich den letzten Schliff verpasste, und
- natürlich meinen Kindern. Sie haben in dieser Zeit oft auf mich verzichtet und viel Geduld gezeigt. Ich liebe euch über alles.

Zur besseren Lesbarkeit wird in diesem Buch das generische Maskulinum verwendet. Die in diesem Buch verwendeten Personenbezeichnungen beziehen sich – sofern nicht anders kenntlich gemacht – auf alle Geschlechter.

Statt eines Vorworts: Warum dieses Buch Tränen, Zeit, Nerven und Geld erspart

Am Ende eines Lebens trifft es uns alle: Der Tod ist unvermeidlich. Für die meisten von uns heißt das, sich nicht nur zu Lebzeiten mit dem auseinanderzusetzen, was von uns bleiben wird, unserem Erbe also, sondern auch auf der anderen Seite gelassen der Situation entgegenzusehen – als Erbe. Fakt ist: Ohne einen Leitfaden oder vernünftigen Plan kann das Erben ziemlich kompliziert werden. Zum Beispiel dann, wenn man Schulden oder als Teil einer Erbengemeinschaft erbt. Eine Erbschaft und alles, was damit zusammenhängt, erscheint den meisten wie eine Art Blackbox.

Denn es ist ja nicht nur das Ende eines Lebens, mit dem wir – als Hinterbliebene – an diesem Punkt konfrontiert werden. Ist es etwa ein Elternteil, den wir verlieren, stehen wir, wenn die Beziehung gestimmt hat, oftmals einsam da: ohne den elterlichen Anker, den Hafen, den wir ansteuern konnten, wenn es eng wurde. Auch der Tod des geliebten Partners wirft uns emotional aus der Bahn, lässt uns fassungslos und vor allem voller Trauer zurück. Mit diesen Emotionen im Gepäck müssen wir uns dann um die Abwicklung eines Erbes kümmern – mit allen organisatorischen Herausforderungen, die das Sterben so mit sich bringt. Wenn es dann auch noch weitere Erben gibt, etwa Geschwister oder Fremde als Teil der Erbengemeinschaft, geht es ans Eingemachte. Denn: Alle Hinterbliebenen haben ihre individuelle Sicht auf dieses Lebensende und auf alles, was damit zusammenhängt. Seien Sie gewappnet – es fängt bei Kleinigkeiten an und hört beim großen Erbstreit auf.

Ein Beispiel aus der Praxis

Tim und Marie sind verheiratet. Sie sind fleißig und sparsam. Schließlich kaufen sie sich ein gemeinsames Haus, denn sie wollen eine Familie gründen. Plötzlich das Unerwartete: Tim kommt bei einem Autounfall ums Leben. Neben ihrem furchtbaren Verlust muss Marie den nächsten Schock verarbeiten: Post vom Nachlassgericht, sie habe geerbt, aber nicht allein. Marie erfährt auf diese Weise, dass sie das Erbe teilen muss. Auch die Immobilie, die Tim und sie gekauft hatten, gehört nicht ihr allein – im Grundbuch mit eingetragen werden soll auch die »liebe« Schwiegermutter, mit der sie sich nie verstanden hat. Die Schwiegermutter war schnell, beantragte einen Erbschein. Das kann übrigens jeder Erbe eigenständig tun. Heißt: Nicht alle Erben müssen diesen Antrag auf Erteilung eines Erbscheins gemeinsam stellen. Mit diesem Erbschein beantragt sie eine Grundbuchberichtigung, also die Eintragung der Erben im Grundbuch, denn laut Erbfolge ist auch sie erbberechtigt. Was bleibt? Schock, Wut, Trauer. Und: Hilflosigkeit. Nun ist es an Marie, den Nachlass auseinanderzusetzen.

Das Buch, das Sie gerade in den Händen halten, zeigt Ihnen genau, wie Sie in Fällen wie diesem vorgehen müssen. Es basiert auf meiner mehr als 20-jährigen Erfahrung als Expertin in Erbschaftsangelegenheiten. Es richtet sich an Sie, Ihre Familienmitglieder, Freunde und Nachbarn – kurz: an uns alle. Denn: Jeder und jede von uns muss sich früher oder später mit den potenziellen Hürden, Herausforderungen und Emotionen einer Erbschaft auseinandersetzen. Doch genau davor verschließen viele Menschen die Augen. Erfahrungsgemäß unterschätzen die meisten die damit einhergehenden Emotionen. Und: Sie unterschätzen das Erbrecht, seine Komplexität und das sich daraus ergebende Konfliktpotenzial einer Erbsituation. Dann wundern sie sich, warum die Abwicklung eines Nachlasses derart lange dauert und warum sich eine Erbschaft, die – so weit sollten wir an dieser Stelle doch schon denken – auch das Lebenswerk einer Person darstellt, nicht innerhalb weniger Wochen verteilen lässt. Dieser Umstand, meine tägliche Arbeit und die Erfahrung, dass die meisten Erben in einer Erbsituation völlig überfordert sind, waren die Beweggründe für dieses Buch. Ich möchte es all jenen ans Herz legen, die vielleicht selbst in diesem Augenblick in einen Erbstreit verwickelt sind, in einer großen Erbengemeinschaft stecken, die sich auf zukünftige Ereignisse vorbereiten wollen oder sich einfach nur für das Erbrecht und ein konfliktfreies Erben interessieren. Ich möchte Sie aber auch und vor allem darauf vorbereiten, dass das Erben Emotionen hervorrufen kann, und Ihnen zeigen, wie Sie Konflikte entschärfen oder emotionale Fallen umgehen können.

Und so liegt kein juristisches Fachbuch vor Ihnen, sondern eine Anleitung für Menschen wie Sie und mich – mit Checklisten, Musterbriefen und konkreten Beispielen. Wenn Sie dieses Buch zuklappen, werden Sie ein Gespür dafür entwickelt haben, wie Auseinandersetzungen um ein Erbe ablaufen können, an welcher Stelle Sie im Erbprozess stehen und welche Lösungsansätze Ihnen dabei zur Verfügung stehen. Ich möchte Ihnen zeigen, wie Sie von rein emotional gesteuerten Entscheidungen bei einem Erbfall hin zu einer sachlichen und fairen Abwicklung gelangen. Ein Erbschaftsfall sollte nicht als Plattform für alte Konflikte oder ein übersteigertes Ego dienen – auch wenn oder vor allem wenn es Ihnen »nur« ums Prinzip geht.

Fragen Sie sich also: **Wollen Sie recht haben oder glücklich sein?**

Ich möchte Ihnen mit diesem Buch Mut machen, sich mit dem Thema Nachlass zu beschäftigen und sich Zeit dafür zu nehmen. Denn das Erben und das Vererben sind komplexe Angelegenheiten. Im Idealfall trauen Sie sich nach der Lektüre zu, die Nachlassverwaltung selbst in die Hand zu nehmen und ohne Anwalt oder lange Gerichtsverfahren abzuwickeln. Das Buch wird Ihnen, weil Sie dann die möglichen Konflikte einer Erbengemeinschaft kennen, auch beim Verfassen Ihres eigenen Testaments helfen, worin Sie clevere Regeln für den Nachlass schon zu Lebzeiten festlegen können. Bezüglich des Erbens gilt immer: Es gibt einen klugen Weg für Erbschaftsangelegenheiten – man muss ihn nur kennen (und gehen).

Was dieses Werk nicht leisten kann, ist die rechtliche Prüfung einzelner Ansprüche und Abdeckung aller individuellen Fälle und Situationen. Denn jede Erbschaft ist so einzigartig wie die Menschen und die sie betreffenden Familien. In den letzten Jahren durfte ich bereits etliche Nachlassfälle erfolgreich begleiten. Kein Fall ist wie der andere, und in jeder Erbengemeinschaft gibt es eine besondere Konstellation.

Aus diesem Grund muss in der Praxis jeder Fall auch entsprechend individuell betrachtet werden.

Sie halten daher keine Pauschallösung für alle Probleme des Erbrechts und des Erbens mit all seinen emotionalen Fallstricken in den Händen, sondern eine solide Grundlage mit wertvollen Tipps darüber, wie Sie Ihr Erbe friedlich und ohne familiäre Zerwürfnisse antreten oder aufteilen können. Einen Leitfaden, der in Form eines Fünf-Phasen-Plans Licht ins Dunkle bringt, Sie mit Herausforderungen vertraut macht, Ihnen zeigt, wie Sie mit kniffligen Situationen umgehen können. Auch, wenn Sie sich von einem Anwalt oder einem Experten für Nachlassangelegenheiten beraten lassen, behalten Sie so immer das Heft in der Hand, denn Sie bestimmen, welche Informationen Ihnen noch fehlen und welche Hilfestellungen Sie noch benötigen.

Genau das möchte ich mit diesem Buch bewirken: Sie sollen den Überblick und die Kontrolle behalten können. Ich möchte, dass Sie Ihre Nerven schonen und wissen, dass Sie nicht nur materielle Güter erben. Aber vor allem möchte ich, dass Sie die Verbundenheit und den Respekt innerhalb Ihrer Familie erhalten – dass Sie verstehen, dass es bei einer Erbschaft nicht nur um monetäre Aspekte geht, sondern auch um Liebe, Verbundenheit und das Vermächtnis eines leider verstorbenen Menschen.

Kapitel 1

Erben ist schwer

Die Ausgangslage

Das Erbrecht ist komplex – eine unbestreitbare Tatsache, die zahlreiche Anwälte und Gerichte beschäftigt. Es gibt keinen einfachen, allgemein anwendbaren Weg im Umgang damit. Und es hilft leider auch nicht, einfach abzuwarten. Nehmen wir beispielsweise den simplen Wunsch, ein gemeinschaftlich geerbtes Haus zu verkaufen, und die Fragen, die damit einhergehen:

- Was muss ich dabei als Teil einer Erbengemeinschaft beachten?
- Benötige ich einen Erbschein?
- Kann überhaupt ein einzelner Erbe den Verkauf abwickeln?
- Muss die gesamte Erbengemeinschaft beteiligt sein?
- Aber wie? Wie lauten die genauen Schritte?
- Und wie wird der Wert des ererbten Hauses bestimmt?
- Genügt eine einfache Absprache oder muss ich zum Notar?

Solche Fragen verdeutlichen nur einen Bruchteil der daraus entstehenden Herausforderungen.

Obwohl es in Deutschland klare gesetzliche Vorgaben bezüglich der Aufteilung eines Nachlasses gibt, kann die praktische Umsetzung recht kompliziert werden, gar manchmal fast ins Absurde abdriften. So kann in einer zwanzigköpfigen Erbengemeinschaft ein Teilerbe mit nur einem Prozent Erbanteil den gesamten Abwicklungsprozess blockieren. Denn wie Sie bereits wissen: Jeder Erbe hat eine andere Sicht auf die Dinge, bringt seine gefühlten Wahrheiten ins Spiel und ist somit nicht selten die Basis für große Konflikte. Aus diesem Grund ist es immer besonders wichtig, die Interessen aller Erben eines Nachlassverfahrens zu kennen und zu berücksichtigen.

Das zeigt auch dieser Fall aus der Praxis, der häufig vorkommt: Zwei Erben eines Hauses müssen sich einigen: Einer der Erben möchte das Haus behalten, der andere braucht dringend das Geld. Ideale Lösung für den Fall: Der eine zahlt den anderen aus. Simpel? Eher nein, denn jetzt müssen sich die beiden auf einen fairen Preis einigen und das birgt ein immenses Konfliktpotenzial. Ohne eine Interessenermittlung der beiden Erben und die eindeutigen Antworten auf offene Fragen kann die Auseinandersetzung zum echten Kriegsschauplatz werden und in der Folge zur Blockade der Abwicklung führen. Genau das macht jeden Fall so einzigartig – und genau dafür soll dieses Buch Sie sensibilisieren und Ihnen helfen, bessere und umsichtigere Entscheidungen für sich und andere zu treffen.

In der heutigen Zeit, in der sich die traditionellen Familienstrukturen zunehmend auflösen, sich der Fokus immer mehr auf die individuelle Freiheit, Selbstverwirklichung und veränderte Rollenbilder richtet, in der Trennungen und Scheidungen zunehmen und der Singlemodus immer mehr zum Standard wird, ist es wichtiger denn je, sich mit den Prozessen rund um das Erben und Vererben auszukennen. Schließlich kann eine Erbengemeinschaft angesichts dieser veränderten Situation auch mal aus zehn oder sogar mehr Personen bestehen.

Doch machen wir uns nichts vor: Die Nachlassverwaltung ist ein alles andere als leichtes Themengebiet: Fachlich, mental und emotional birgt es viele Herausforderungen. Gleichzeitig geht es darum, auf die Bedürfnisse aller Beteiligten einzugehen, Respekt und Rücksichtnahme zu zeigen und damit eine Erbschaft so zu verwalten und aufzuteilen, dass die Familie am Ende noch zusammensteht. Es sind diese menschlichen Aspekte, die ich zum Mittelpunkt meines Ansatzes und damit meines Fünf-Phasen-Plans gemacht habe, denn sie können schnell die Regelung eines Nachlasses zu einem wahren Minenfeld machen. Nachlassverwaltung erfordert Zeit, Geduld und einen sorgsamen, respektvollen Umgang.

Eine solche Herangehensweise, die die Herausforderungen und unterschiedlichen Interessen berücksichtigt, hat einen entscheidenden Vorteil: Sie schafft Fakten – und auf ihnen basiert eine faire Nachlassverteilung. Ein Wertgutachten zum Beispiel verlangt Zeit und Einsatz, aber es liefert auch klare Zahlen, die als nachvollziehbarer Ausgangspunkt für eine Aufteilung dienen können. Spielraum für Interpretationen kann man sich bei bestimmten Aspekten durchaus geben, doch solange die Basis, auf der diese erfolgen, fest und stabil ist, fühlt sich niemand übergangen.

Ich habe in meinem beruflichen Werdegang schon viele Familien kennengelernt, die sich im Streit um ein Erbe vollkommen fremd geworden sind. Ich weiß aber auch, dass es anders geht: Viele meiner Klienten konnten mit meiner Unterstützung trotz zahlreicher Differenzen ihr Erbe so aufteilen, dass am Ende alle zufrieden waren. Als Expertin für Erbangelegenheiten trete ich für gewöhnlich erst dann auf den Plan, wenn die Menschen genau diese Wahrheiten ausgeblendet haben, wenn die Fronten verhärtet sind und jeder nur noch seinen eigenen Standpunkt wahrnimmt. Als Expertin versuche ich dann, solche Situationen aufzulösen, die Perspektiven aller einzubeziehen und eine für alle Beteiligten gerechte Lösung zu finden.

Das geht aber nur, wenn sich der Konflikt noch nicht verselbstständigt hat, wenn die Parteien noch nicht in der letzten Eskalationsstufe »vor dem Abgrund« stehen. Denn dann sind die Fronten derart verhärtet, dass nur ein Gerichtsurteil den Streit beenden kann, aber dann eben nur noch Verlierer das Feld verlassen werden. Das lässt sich mit frühzeitig herbeigeholter Hilfe vermeiden!

Aus diesem Grund sind Vorbeugung und Konfliktmanagement die entscheidenden Stichwörter in diesem Buch. Ich mache Sie vertraut mit den wichtigsten Stolpersteinen auf dem Weg zu einer friedlichen Nachlassauseinandersetzung und damit, was Sie selbst im Vorfeld beachten können. Außerdem liefere ich Ihnen mit dem bereits erwähnten Fünf-Phasen-Plan einen Leitfaden für das Thema Nachlass mit all seinen faktischen Facetten. Sollten Sie sich jedoch bereits im Rechtsstreit befinden, können Sie mithilfe dieses Buches prüfen, ob die Abwicklung in die richtige Richtung geht und das Prozedere zielführend ist.

Mein Leitfaden hilft Ihnen zu erkennen, an welcher Stelle Sie stehen und wie lange der Prozess noch andauern könnte. Fakt ist: Kaum eine Klage auf Auseinandersetzung der Erbengemeinschaft ist erfolgreich und fast jeder Konflikt führt die Erben in eine Sackgasse. Für solche Fälle ist mein Fünf-Phasen-Plan besonders interessant. Er bildet das Kernstück des ersten Teils und soll Sie Schritt für Schritt durch das vermeintliche Wirrwarr einer Nachlassauseinandersetzung führen. Auch das nicht ganz einfache Thema des Nachlassverzeichnisses finden Sie hier, denn – um es an dieser Stelle schon einmal gesagt zu haben – ohne ein solches sollten Sie keine Entscheidungen treffen.

Ein Mensch baut sich über Jahrzehnte ein Leben auf. Und bewegt sich in dieser Zeit durch die unterschiedlichsten Rechtsgebiete: Versicherungsrecht, Vertragsrecht, Mietrecht, Arbeitsrecht, Steuerrecht … Sie alle greifen auch nach unserem Ableben. Daher möchte ich hier einen Überblick über die wichtigsten rechtlichen Aspekte geben, die Sie bedenken sollten.

Zum Schluss widmen wir uns nicht nur dem »Probesterben«, sondern auch einigen Beispielen aus meiner Praxis, die Sie mit bemerkenswerten Nachlassverfahren vertraut machen sollen. Sie werden zeigen, dass es selbst für die scheinbar ausweglosesten Situationen eine Lösung gibt. Und wer weiß? Vielleicht finden Sie darin auch etwas, das Ihnen aus Ihrer eigenen derzeitigen Lage vertraut vorkommt.

Bevor wir beginnen: Einatmen – ausatmen

Bevor wir jetzt aber nach den einleitenden Worten so richtig einsteigen, möchte ich Ihnen noch eines der wohl wichtigsten Werkzeuge an die Hand geben, um möglichst unbeschadet aus dem ganzen Prozess rund ums Erben herauszukommen:

Atmen Sie! Ein und aus. Ein und aus.

Eines kann ich Ihnen versprechen: Sie werden einen langen Atem brauchen, bis die Nachlassangelegenheit abgeschlossen ist, denn kaum eine Erbschaft wird unter einem Jahr abgewickelt, vielmehr vergehen schnell mal bis zu fünf Jahre. Ich habe sogar Erbengemeinschaften erlebt, die aufgrund ihrer Konflikte über zehn Jahre lang im Streit lebten und sich regelmäßig bei Anwälten und vor Gericht wiederfanden. Eine fürchterliche emotionale Belastung für die Betroffenen. Gehen Sie daher bloß keine Verpflichtungen ein im Vertrauen auf eine schnelle Erledigung! Sie werden davon enttäuscht werden. Je eher Sie also akzeptieren, dass eine Nachlassauseinandersetzung nicht schnell abläuft, sondern Zeit braucht, desto gelassener können Sie alles angehen.

Die Dauer einer Nachlassauseinandersetzung kann stark variieren – je nach Komplexität des Erbes, Zahl der Beteiligten, Streitigkeiten und Verwaltungsaufwand. Dennoch gibt es ein paar Richtwerte, an denen man sich orientieren kann:

- **Einfacher Erbfall**
  (zum Beispiel Einzelperson oder sehr kleine Erbengemeinschaft, keine Immobilien, kein Streit): 2–6 Monate
  Voraussetzungen: Erbschein liegt schnell vor, keine Schulden oder wenige Vermögenswerte, alle Erben sind sich einig.

- **Mittelschwerer Erbfall**
  (zum Beispiel Erbengemeinschaft, Immobilien, offene Rechnungen): 6 Monate–1,5 Jahre
  Gründe für Verzögerung: Bewertung und gegebenenfalls Verkauf der Immobilien, Erbschaftsteuerklärung, Abstimmung in der Erbengemeinschaft, Nachlassverbindlichkeiten müssen beglichen werden.

- **Komplexer oder streitiger Erbfall**
  (zum Beispiel Testamentsanfechtung, viele Erben, Erben leben im Ausland): 1,5–5 Jahre oder noch länger
  Verzögerungsfaktoren: Gerichtliche Verfahren (zum Beispiel Erbscheinsverfahren, Erbauseinandersetzungsklage), Erben schlagen den Nachlass aus oder sind unbekannt, Miterben blockieren Entscheidungen, Testamente sind unklar oder widersprüchlich.

Weitere Verzögerungsgründe sind:

- Streit in der Erbengemeinschaft → Mehrere Monate–Jahre
- Auslandsvermögen → Zusätzliche Behördenwege
- Nachlassverwaltung/Testamentsvollstreckung → formale Fristen, oft über 6 Monate
- Finanzamt prüft Erbschaftsteuer → mehrere Wochen–Monate

In der Praxis dauern viele Nachlassauseinandersetzungen zwischen sechs Monaten und zwei Jahren. Eine Faustregel: Je kleiner die Erbengemeinschaft, je einfacher und konfliktfreier der Fall, desto schneller kann er abgeschlossen werden. Mit dieser Information sind Sie nun auf das Wichtigste vorbereitet: die Verfahrensdauer! Ich habe Ihnen mit diesem kleinen Exkurs hoffentlich die Illusion einer schnellen Abwicklung genommen und Sie somit auf die vor Ihnen liegende Geduldsprobe vorbereitet. Jetzt können Sie – geduldig – mit mir die nächsten Schritte durchgehen. Und denken Sie daran: Einatmen … ausatmen …

Gedanken zum Mitnehmen

Erben ist schwer – es gibt etliche Fußangeln und Fallstricke, die kaum jemand auf dem Schirm hat. Umso wichtiger ist es, den Erbprozess zu durchschauen, sich mit den wichtigen Aspekten vertraut zu machen und zu erkennen, dass man an einigen Stellen im Prozess an den Experten nicht vorbeikommt. Lehnen Sie sich also zurück – atmen Sie ein, atmen Sie aus: Sie müssen nicht alles allein regeln.

Kapitel 2

Hilfe, ich habe geerbt ...

Die ersten Schritte

Als Simone S. ihre Mutter verliert, ist sie unendlich traurig. Das Verhältnis war nicht immer das beste, aber am Ende eben doch ein richtig gutes. In den ersten Tagen nach dem Tod der Mutter ist Simone wie gelähmt, handelt automatisch, weil sie handeln muss: den Bestatter aufsuchen, Beerdigung mit dem ganzen Drumherum organisieren, Freunde und Verwandte informieren. Erst nach der Bestattung kommt sie ein bisschen zur Ruhe. Und ihr wird klar: Hilfe, ich habe geerbt … Was nun?

Bevor wir in die Tiefen der Nachlassabwicklung mit dem Fünf-Phasen-Plan einsteigen können, gilt es, die ersten wesentlichen Schritte nach dem Eintreten eines Erbfalls zu bedenken:

- Testament oder Erbvertrag suchen und prüfen.
- Gibt es beides nicht, gilt die gesetzliche Erbfolge.
- Erbschein beantragen, falls er für Banken oder Grundbuchamt nötig ist.

Wir wissen, dass unsere Zeit auf Erden endlich ist. Viele Menschen haben schon zu Lebzeiten einen ungefähren Plan darüber, was nach dem Tod mit den im Laufe des Lebens erworbenen Besitztümern passieren soll. Viele aber machen sich gar keine Gedanken, vertrauen auf nichts, verdrängen das Thema vollständig aus ihren Gedanken oder vertrauen auf rechtliche Grundlagen, die es für die Erben schon richten würden. Mit dem Eintritt des Erbfalls sind dann viele überfordert: *Welche sind die ersten, welche die folgenden Schritte? Was muss ich tun? Was darf ich tun? Verträge prüfen und kündigen, Beteiligte informieren, wo kann ich Informationen finden, und ist der Nachlass möglicherweise überschuldet?* Viele verfallen dann ins Lamentieren und beklagen, dass es keine ausreichenden Informationen gebe, dass sie keine Unterstützung erhielten. Denn Fakt ist: Es gibt keine zentrale Stelle, die Erben umfassend und kostenlos berät. Was ich Ihnen versichern kann: Wenn Sie dieses Buch gelesen haben, werden Sie die wesentlichen Schritte (und Lösungen) im Falle eines Erbes kennen.

Fakt ist: Man muss nicht hilflos bleiben, wenn man erbt. Je nach Situation kann es sinnvoll sein, einen Experten zurate zu ziehen, der auf solche Nachlassangelegenheiten spezialisiert ist und helfen kann, der zum Beispiel Ansprüche von Gläubigern abwehren kann. Verfallen Sie also bitte auch nicht bei dringend notwendig schnellem Handeln in Panik! Es gibt immer Möglichkeiten, um die Situation zu meistern.

Ein Beispiel aus der Praxis

Maria S. erhält einen Anruf und erfährt vom Tod ihres Vaters, zu dem sie seit über 30 Jahren keinen Kontakt hatte. Sie weiß nichts über ihn – natürlich auch nicht, ob der Nachlass überschuldet ist oder ob es Konten oder Immobilien gibt. Maria sucht sich bei meiner Kanzlei Hilfe, berichtet von ihrem Frust und beklagt sich darüber, dass das Amtsgericht ihr nicht geholfen habe. Das ist für uns kein Einzelfall. Immer wieder kommen Menschen zu uns, die in dieser Situation hilflos sind und nicht wissen, welche die richtigen nächsten Schritte wären.

Fakt ist: Der Erbe, also in diesem Fall Maria, muss zunächst selbst aktiv werden. Niemand kann für sie die Nachforschungen anstellen, es sei denn, sie engagiert jemanden gegen Bezahlung. In Marias Fall stellt sich heraus, dass es ein Pfändungskonto gibt und dass sich das Sozialamt wegen Regressansprüchen meldete. Diese Informationen helfen Maria, denn so schlägt sie das Erbe letztlich aus.

Wer hilft?

Die erste spontane Idee: Sicher hilft das Amtsgericht weiter. Leider nein. Sie sollten unbedingt wissen: Das Amtsgericht hat keine allgemeine Beratungsverpflichtung! Es wird den Erben nicht sagen, welche Banken sie ansprechen sollten, wie sie den Nachlasswert herausfinden könnten oder gar, ob sie das Erbe ausschlagen sollten. Das Nachlassgericht kann lediglich allgemeine Auskünfte zum Verfahren geben, sei es über die Möglichkeit der Erbausschlagung, die zu beachtenden Fristen und die grundsätzlichen Pflichten der Erben. Es führt jedoch keine Rechtsberatung im Einzelfall durch.

Die Nachforschungen rund um das Erbe liegen in der Verantwortung der Erben, auch in den etwas verzwickteren Fällen. Etwa dann, wenn erst einmal der eigentliche Kreis der Erben herausgefunden werden muss, denn nach deutschem Erbrecht sind unter Umständen auch entferntere Verwandte erbberechtigt. Manchmal sind die Bedingungen für die Erbenermittlung besonders herausfordernd. In einem Fall in Dresden etwa gingen durch eine Überschwemmung zahlreiche Nachweise verloren oder wurden zerstört. Auch die Recherche in Kirchenbüchern und anderen Quellen ergab keine klaren Hinweise. Hier half nur akribische Detektivarbeit. Auch dabei kann man sich Hilfe holen.

Wer gehört zum Kreis der Erben?

Grundsätzlich beginnt die Arbeit genau an dieser Stelle. *Liegen Ihnen die Namen der Miterben vor, kennen Sie deren Anschriften und stehen Sie mit den Miterben in Kontakt? Wissen sie, dass sie Erbe geworden sind, und können sie das nachweisen?* Um den Nachlass gemeinsam zu verwalten, verwerten und aufzuteilen, müssen Sie Kontakt zu bekannten Angehörigen oder potenziellen Erben aufnehmen und besprechen, wer welche Informationen hat – insbesondere, ob ein Testament vorliegt oder sich die Erbfolge nach den gesetzlichen Regelungen richtet. Sie müssen unterscheiden, ob die Erben aufgrund einer gesetzlichen Erbfolge (ohne Testament) oder aufgrund einer testamentarischen Erbfolge (mit Testament) berufen sind. Denn danach richtet sich der gesamte Prozess der späteren Nachlassabwicklung. Ob jemand nach der gesetzlichen Reihenfolge erbt oder weil er oder sie im Testament ausdrücklich benannt wird, macht einen großen Unterschied. Es entscheidet darüber, wer welchen Teil des Nachlasses bekommt, wer beim Gericht oder bei der Bank Unterlagen vorlegen muss, und auch, wer sich mit weiteren Ansprüchen – etwa von Pflichtteilsberechtigten oder Miterben – auseinandersetzen muss.

Was tun, wenn kein Testament vorliegt?

Liegt kein Testament vor, greift das Gesetz – in diesem Fall die §§ 1924 bis 1936 des Bürgerlichen Gesetzbuchs (BGB). Sie regeln, wer zum Kreis der sogenannten *gesetzlichen Erben* gehört und in welcher Reihenfolge Verwandte erben (oft weitverzweigt, vor allem dann, wenn keine nahen Angehörigen mehr leben). Die Erbfolge bezeichnet die Rechtsnachfolge eines verstorbenen Menschen und klärt, wer an die Stelle des Toten tritt, also sein Vermögen oder seine Schulden erbt. Die Erbfolge muss lückenlos nachgewiesen werden. Es genügt nicht, nur die vermuteten Erben zu nennen und darauf zu hoffen, dass die, die sich nicht melden, daraufhin vom Erbe ausgeschlossen wären. Das Amtsgericht verlangt oft verschiedene Nachweise wie Sterbe- oder Geburtsurkunden, Familienregister und gegebenenfalls auch Scheidungsunterlagen oder Adoptionsnachweise. Früher gab es Familienbücher, in denen solche Informationen festgehalten wurden, heute findet man diese Informationen in den Registern der zuständigen Standesämter oder Archive. Jetzt verstehen Sie sicherlich auch, warum ich weiter vorn von »Detektivarbeit« sprach.

Gesetzlich geregelt: Die Erbordnung

Erben erster Ordnung sind die Kinder des Verstorbenen. Und wenn Kinder vorher verstorben sind, deren Nachkommen. Sie haben immer Vorrang vor allen anderen Verwandten. Leben mehrere Kinder, erben sie zu gleichen Teilen.

Betrachten wir einen typischen (und meist auch eindeutigen) Fall: Ein Vater verstirbt und hinterlässt eine Ehefrau sowie drei Kinder. Um die Erbfolge nachzuweisen, benötigen die Erben die Heiratsurkunde, um die Ehefrau zu legitimieren, die Geburtsurkunden der Kinder, um ihre Abstammung zu belegen, und die Sterbeurkunde des Vaters. Auch die Geburtsurkunde des Vaters kann nützlich sein, um Hinweise auf weitere Nachkommen zu erhalten. In solchen Fällen ist die Beschaffung der Unterlagen meist recht einfach und erfolgt über das Standesamt am Geburtsort des Verstorbenen.

Erben zweiter Ordnung sind die Eltern des Erblassers und gegebenenfalls deren Nachkommen – dazu gehören Geschwister sowie Nichten und Neffen. Sie kommen nur dann zum Zug, wenn keine Kinder oder Enkel vorhanden sind.

Was hier oft übersehen wird: Wenn ein kinderloses Ehepaar verstirbt, erben auch die Schwiegereltern mit und unter Umständen auch die Geschwister. Darüber hinaus haben die Eltern einen Pflichtteilsanspruch, wenn der Ehemann die Ehefrau testamentarisch als Alleinerbin einsetzt. Viele sind sich dessen nicht bewusst, was häufig zu Überraschungen führt. Stirbt der Erblasser ohne Partner und Kinder oder mit Partner, aber ohne Nachkommen, erben die Eltern je zur Hälfte. Ist ein Elternteil bereits verstorben, wird dessen Anteil an die Geschwister des Verstorbenen übertragen.

Erben dritter Ordnung schließlich sind die Großeltern des Erblassers und gegebenenfalls deren Nachkommen – also Tanten, Onkel, Cousinen und Cousins. Auch sie erben erst dann, wenn weder Nachkommen noch Eltern oder Geschwister vorhanden sind.

Die Großeltern erben nach deren Linien. Konkret heißt das: Das Erbe oder der Erbteil wird je zur Hälfte der großmütterlichen beziehungsweise der großväterlichen Linie zugeordnet. Sind die Großeltern bereits verstorben, geht es in der jeweiligen Linie weiter an die Kinder oder Kindeskinder. In der Regel gibt es hier eine Vielzahl von Erben. In einem aktuellen Fall haben wir beispielsweise etwa 80 Erben ermittelt.

Gut zu wissen

Ehepartner haben übrigens ein eigenes Erbrecht, das neben diesen Ordnungen existiert. Die Erbquote hängt jeweils davon ab, mit welchen Verwandten er oder sie im Erbfall aufeinandertrifft und in welchem Güterstand die Ehegatten lebten. Der Güterstand beeinflusst die Höhe der Erbquoten. Bei Zugewinngemeinschaft erhöht sich die Quote kraft Gesetzes um ein Viertel. Bei Gütertrennung und Gütergemeinschaft (nur bei notariellem Ehevertrag) gelten andere Regeln.

Gesetzliche Erbfolge

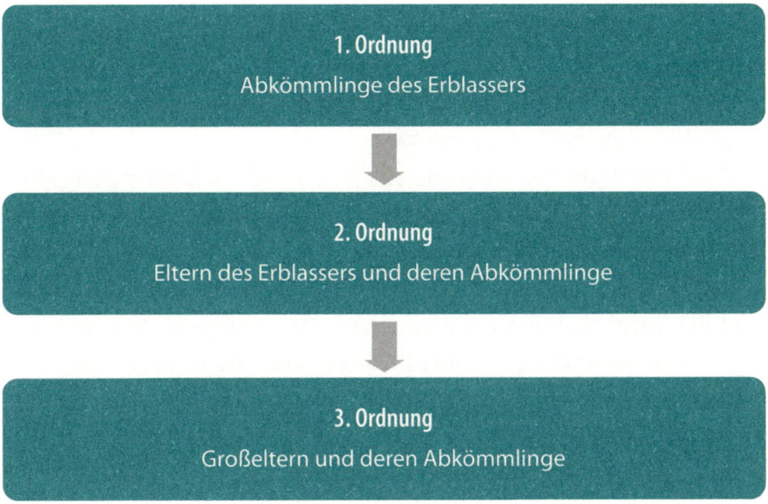

Weitere Ordnungen existieren, werden aber selten relevant. Erfahrungsgemäß benötigen Sie ab der dritten Erbordnung professionelle Unterstützung oder viel Zeit. Spätestens, wenn klar ist, dass es weitere Erben gibt, sie aber nicht ausfindig gemacht werden können (sei es, weil der Gesuchte ausgewandert ist), können Sie das Nachlassgericht um Unterstützung bitten. Denn in so einer Situation erkennt das Gesetz ein sogenanntes Sicherungsbedürfnis des Erbes an – also die Gefahr, dass ein potenzieller, noch nicht gefundener Erbe benachteiligt werden könnte – und bestellt einen Nachlasspfleger. Er wird übrigens auch dann eingesetzt, wenn ein Erbe »schutzlos« ist, also kein Erbe auswendig gemacht werden kann. Der Nachlasspfleger hat die Aufgabe der Sicherung und Verwaltung des Nachlasses und kümmert sich um die Ermittlung der Erben. Damit kann – solange die Erbfolge nicht feststeht – Schaden vom Nachlass wie etwa Vollstreckungen in den Nachlass oder Schädigung des Nachlasses abgewendet werden. Die Alternative zum Nachlasspfleger ist ein Büro für Erbenermittlungen. Die Aufgabe sollte die Ermittlung der gesetzlichen Erben samt Beschaffung aller Unterlagen und

Nachweise sein. Die Vergütung für solche Ermittlungen dürfte sich im Rahmen von 80 bis 150 Euro pro Stunde bewegen. Professionelle Erbenermittler, die ausschließlich auf die Ermittlung von Erben spezialisiert sind, dürfen – das bestätigt die Rechtsprechung – zwischen 25 und 33 Prozent des Erbwerts in Rechnung stellen. Eine durchschnittliche Ermittlung dauert zwei bis drei Jahre.

An dieser Stelle sollten Sie bereits prüfen, ob die Beantragung eines Erbscheins erforderlich ist. Ist etwa kein notarielles Testament vorhanden oder es gehören Immobilien zum Nachlass, dann sollten Sie ihn schnellstens beantragen. Der Erbschein dient quasi als »Erbenausweis« und bescheinigt, dass Sie die erbende Person sind. Wichtig wird das Dokument vor allem gegenüber Behörden oder Banken, aber auch das Grundbuchamt wird danach fragen. Also: Sobald Sie wissen, dass Sie erben werden, ohne dass ein Testament vorliegt, dann stellen Sie bitte beim Nachlassgericht den entsprechenden Antrag.

Checkliste: Erbschein beantragen – Schritt-für-Schritt-Anleitung

1. **Nachlassgericht finden**

   Das ist immer das Amtsgericht am letzten Wohnsitz der verstorbenen Person. Dort ist die Nachlassabteilung zuständig.

2. **Antrag stellen**

   Der Antrag auf einen Erbschein kann entweder direkt beim Nachlassgericht gestellt oder über einen Notar eingereicht werden. Wichtig: Der Antrag muss persönlich unterschrieben werden.

3. **Unterlagen zusammenstellen**

   Typischerweise verlangt das Gericht:
   - Sterbeurkunde des Erblassers
   - Personalausweis oder Reisepass des Antragstellers
   - Testament oder Erbvertrag (falls vorhanden, im Original)
   - gegebenenfalls Eröffnungsprotokoll des Gerichts, wenn ein Testament schon abgegeben wurde

- Nachweise über das Verwandtschaftsverhältnis (Geburts- oder Heiratsurkunden)

4. **Eidesstattliche Versicherung abgeben**

   Der Antragsteller muss in der Regel versichern, dass seine Angaben vollständig und wahr sind (zum Beispiel zu Erbenstellung, Testamenten, Ausschlagungen anderer Erben). Diese Versicherung wird vom Nachlassgericht aufgenommen oder beim Notar abgegeben.

5. **Prüfung durch das Nachlassgericht**

   Das Gericht prüft die Unterlagen, klärt gegebenenfalls Rückfragen und informiert andere Beteiligte (zum Beispiel Miterben).

6. **Gebühren zahlen**

   Die Kosten richten sich nach dem Wert des Nachlasses. Beispiel: Bei einem Nachlasswert von 100 000 Euro liegen die Gerichtskosten für den Erbschein bei rund 450 Euro.

7. **Erbschein erhalten**

   Nach Abschluss der Prüfung erteilt das Nachlassgericht den Erbschein. Er kann als einfacher Erbschein (für einen Alleinerben) oder als gemeinschaftlicher Erbschein (für mehrere Miterben) ausgestellt werden.

Die Erbenermittlung ist oft eine zeitintensive und herausfordernde Aufgabe. In der Regel werden fast alle Erben gefunden, auch wenn es manchmal neben Zeit viel Netzwerkarbeit und Kreativität erfordert. Das zeigt auch der folgende Fall aus der Praxis: Gefunden werden musste ein obdachloser Erbe, der bereits seit über zehn Jahren vom Amtsgericht gesucht wurde. Er und sein Bruder waren in einer Erbengemeinschaft. Der Bruder forderte eine Auseinandersetzung des Erbes, also die Aufteilung und Verteilung des Erbes, aber war ohne den vermissten Bruder handlungsunfähig. Ich überlegte, wo obdachlose Menschen sich aufhalten könnten, und schrieb zunächst zahlreiche Einwohnermeldeämter an – in der Hoffnung, von den letzten Wohnsitzen einen Aufenthaltsort eingrenzen zu können. Nachdem mir keine hilfreichen Informationen übersandt wurden, schrieb ich anschließend etwa 600 Sozialstationen an. Nach sechs Monaten konnte ich den Erben tatsächlich ausfindig machen und ihm seinen halben Erbanteil in Höhe von 443 000 Euro auszahlen. Es lassen sich also auch scheinbar aussichtslose Fälle lösen.

Was tun, wenn ein Testament vorliegt?

Grundsätzlich unterscheidet man zwischen zwei Testamentsformen: dem eigenhändigen (handschriftlichen) Testament, das vollständig mit der Hand geschrieben, unterschrieben und idealerweise datiert sein muss, und dem notariellen Testament, das durch einen Notar errichtet und öffentlich beurkundet wird. Beide Formen sind rechtlich zulässig – aber beide müssen, sobald sie gefunden werden, zwingend dem Nachlassgericht vorgelegt werden. Denn hier besteht eine Ablieferungspflicht: Testamente müssen zum Nachlassgericht! Allerdings: Ein Testament wandert nicht von allein zum Nachlassgericht. Wer ein Testament findet, ist gesetzlich verpflichtet, es dort abzugeben – egal ob er selbst Erbe ist oder nicht. Praktisch heißt das: Man nimmt das Original (nicht nur eine Kopie) und bringt es zum Amtsgericht am letzten Wohnsitz des Verstorbenen. Dort gibt es entweder eine Nachlassabteilung oder eine allgemeine Geschäftsstelle. Alternativ kann man das Testament auch per Einschreiben dorthin schicken.

Wenn Sie also ein Testament – sei es zu Hause, in einem Bankschließfach oder an anderer Stelle – finden, sind Sie gesetzlich verpflichtet, es unverzüglich beim zuständigen Nachlassgericht (in der Regel das Amtsgericht am letzten Wohnsitz des Verstorbenen) abzuliefern. Wer dieser Pflicht nicht nachkommt, begeht zumindest eine Ordnungswidrigkeit – etwa, wenn man es schlicht vergisst. Strafkosten, mit denen man in einem solchen Fall rechnen muss: mehrere 100 bis 1 000 Euro. Hält man ein Testament bewusst zurück oder vernichtet es, etwa dann, wenn es für einen selbst ungünstig ausfällt, macht man sich strafbar und riskiert sogar eine Freiheitsstrafe: Bis zu fünf Jahre Gefängnis drohen bei dieser sogenannten »Urkundenunterdrückung«.

Sobald das Testament dem Nachlassgericht vorliegt, kümmert sich dieses um die Testamentseröffnung: Es informiert die darin genannten Beteiligten – insbesondere die Personen, die als Erben vorgesehen sind. Die Beteiligten erhalten dazu eine Eröffnungsniederschrift. Darin können auch Hinweise auf Unwirksamkeit oder Formmängel des Testaments enthalten sein. Allerdings: Ob das Testament tatsächlich gültig oder ungültig ist, wird nicht im Rahmen der Eröffnung entschieden – das wird im Erbscheinsverfahren geprüft.

Checkliste, wenn ein Testament vorliegt

1. Geben Sie das Testament unverzüglich beim Nachlassgericht ab.
2. Prüfen Sie nach Eröffnung, ob klar erkennbar ist, wer zum Erbe ernannt wurde.
3. Stellen Sie, sofern möglich, den Kontakt zu weiteren Erben her.
4. Sollten Erben nach dem Erblasser verstorben sein, also nachverstorben, sein, setzen Sie sich mit deren Erben (Erbeserben) in Verbindung. Diese können Sie beim Nachlassgericht schriftlich anfragen – gegebenenfalls um Mitteilung oder Kopie eines bereits ausgestellten Erbscheins bitten.
5. Ist ein vorgesehener Erbe vorverstorben, prüfen Sie:
   - Gibt es im Testament eine Ersatzregelung?
   - Greift eine gesetzliche Anwachsung?
   - Oder fällt der Anteil anderen Erben zu?

Der Tod eines eingesetzten Erben bedeutet nicht automatisch, dass dessen Anteil verfällt, denn häufig tritt ein Nachrücker (Ersatzerbe) ein – sofern das Testament oder die gesetzliche Erbfolge dies vorsieht. Seien Sie hier, wenn Sie Ihr Testament verfassen, besonders sorgfältig – Fehler können zu Konflikten führen.

Im Zweifel lassen Sie das im Rahmen einer anwaltlichen Erstberatung prüfen. In einer solchen ersten Beratung gibt es noch keine Schriftsätze, es werden keine Akten angelegt. Das Gespräch dient vielmehr der grundsätzlichen Orientierung und verhilft zu einer ersten rechtlichen Einordnung. Sinn ergibt ein solches Vorgehen vor allem bei kniffligen Fällen, etwa einer Enterbung, aber auch als Teil einer Erbengemeinschaft, deren Mitglieder sich untereinander nicht kennen. Eine juristische Einschätzung der Lage kann hier von großem Wert sein. Die Kosten des fachlichen Rats regelt übrigens das Rechtsanwaltsvergütungsgesetz: Nach meiner Erfahrung liegen die Kosten einer Erstberatung zwischen 150 und 500 Euro.

Die ersten Stolpersteine: Wenn Erben streiten

Stellen Sie sich folgendes Szenario vor: Die Geschwister Maria, Helmut und Ulli trauern, denn nach einem Schlaganfall ist ihre Mutter schnell und völlig unerwartet verstorben. Der Vater ist schon lange tot, sodass der Verlust für die drei nun Vollwaisen doppelt schmerzt. Schon bei der Planung der Beerdigung und der Trauerfeier wird klar: Die Geschwister finden nur schwer eine für alle befriedigende Lösung. Irgendwie können sie sich einigen und die Mutter verabschieden, wie es sein sollte. Doch dann geht es ans Erben. Ein Testament gibt es nicht, es wird alles, was die Eltern aufgebaut haben, zu drei gleichen Teilen vererbt. Im Prinzip also eine klare und überschaubare Angelegenheit. Allerdings haben die Geschwister unterschiedliche Ideen, wie mit dem Erbe, in diesem Fall dem gemeinsamen Elternhaus, umgegangen werden soll. Maria will das Haus behalten und vermieten; Helmut will es schnell verkaufen, denn er braucht Geld; Ulli würde am liebsten selbst einziehen, hat aber kein Geld, um die anderen beiden auszuzahlen. Ein erbitterter Streit beginnt – ein Streit, bei dem die Standpunkte aufeinanderprallen, sich schnell die Fronten verhärten. Was tun?

Eine gründliche Vorbereitung und klare Kommunikation sind die beiden Pfeiler für ein erfolgreiches Konfliktmanagement. Vorbereitung heißt für mich an dieser Stelle: Informationen sammeln. Ich beginne daher immer mit den Fakten, denn wenn alle Beteiligten vollständig über die Sachlage informiert sind, werden sie bessere Entscheidungen treffen. Bei diesem konkreten Fall müssen wir daher zunächst den Wert der Immobilie ermitteln. Auf dieser Basis lassen sich verschiedene Szenarien entwerfen, errechnen und Lösungen entwickeln. Letztlich kommt Ulli auf den Weg aus dem Geschwisterdilemma: Er zieht mit seiner Familie ein und zahlt Maria und Helmut jährlich mit einer Ausgleichszahlung den Anteil, der den beiden zusteht. Bis zur vollständigen Auszahlung sind die Erbansprüche von Maria und Helmut im Grundbuch gesichert.

Genau dieser Moment, die Notwendigkeit einer Entscheidung, erweist sich aber für die meisten Erben als besonders herausfordernd. Denn wir alle haben jeweils eine eigene Art, um mit schwierigen Situationen umzugehen: Viele reagieren mit einer Vermeidungshaltung und versuchen, sich so weit wie möglich aus allem herauszunehmen, sie überlassen die Entscheidungsfindung lieber anderen. Andere wiederum gehen in Kampfstellung und reiben sich an den Anforderungen und Konsequenzen der selbstständigen Entscheidungen regelrecht auf.

Doch warum fühlen sich Erben in ihrer Funktion als solche oft komplett überfordert? Das liegt im Wesentlichen an den fehlenden Kenntnissen und Erfahrungen im Bereich der Nachlassabwicklung und des Erbrechts, denn das führt zu Ängsten und Stressgefühlen, die uns entweder blockieren und handlungsunfähig machen oder aber zu Impulshandlungen hinreißen lassen. Ich muss nicht extra betonen, dass weder das eine noch das andere Sie in Ihrem Erbfall weiterbringen wird – wie einfach oder komplex er auch aufgestellt sein mag.

Sie brauchen Fakten. Und zwar nur Fakten. Unser Bauchgefühl ist ohne Zweifel ein wichtiges und nützliches Alltagsinstrument, es kann uns in vielen Lebenslagen weiterhelfen, doch der Moment einer Nachlassregulierung gehört ganz sicher nicht dazu. Denn hier heißt es: (Sachliche) Distanz zum vermeintlichen Gefühl und klare Fakten schaffen!

Wie das in der Praxis aussehen kann, zeigt ein weiterer Erbfall, bei dem mehrere Erben unterschiedliche Gefühle hinsichtlich des Wertes einer Nachlassimmobilie hatten: Eine Erbin war der Meinung, dass das betreffende Haus auf dem Markt 1 Million Euro bringen würde; ein anderer Miterbe schätzte den Wert auf nur rund 300 000 Euro, weil das Objekt seiner Ansicht nach schon zu alt war. Das unabhängige Wertgutachten ergab jedoch eine Schätzung von 450 000 Euro und einem Bieterverfahren sei Dank konnten wir am Ende einen Kaufpreis von 640 000 Euro erreichen. Das ist die Macht der Fakten.

Exkurs: Was ist ein Konflikt – und wie entsteht er eigentlich?

Ein Konflikt entsteht nicht aus dem Nichts, sondern entwickelt sich, wenn Bedürfnisse aufeinanderprallen. Und das passiert öfter, als wir denken. Denn jede Kommunikation verfolgt eine Absicht: Auch wenn wir glauben, »nur etwas gesagt« zu haben – steckt in Wahrheit immer ein Wunsch dahinter, ein Ziel, eine Erwartung, eine Hoffnung. Es gibt keine »absichtslose« Kommunikation – selbst das Schweigen hat eine Bedeutung. Denn wie schon der Kommunikationswissenschaftler Paul Watzlawick festhielt: »Man kann nicht nicht kommunizieren«*. Am Ende geht es dabei fast immer um die Erfüllung unserer eigenen Bedürfnisse. Bleiben diese jedoch unerfüllt – ob nun bewusst oder unbewusst –, entsteht Spannung und diese ist der Nährboden für Konflikte.

Wie unterschiedlich sich Konflikte entwickeln können, zeigt das folgende Beispiel: Lina möchte, dass ihre Schwester sie bei der Verwaltung des geerbten Hauses unterstützt. Die Schwester sagt: »Ich habe grad keine Zeit, kümmer' du dich erst einmal.« Lina fühlt sich alleingelassen, vielleicht sogar ausgenutzt. Sie empfindet es als ungerecht. Ihr Bedürfnis nach Unterstützung und Fairness wird verletzt – in ihr entsteht ein innerer Konflikt. Und der kann sich, je nach Umgang mit ihm, auf drei Arten entwickeln:

1. Phase: Der lösbare Konflikt – beide Seiten können gewinnen. In dieser frühen Phase ist das Ende noch offen. Es gibt noch keine festen Fronten, kein Recht-haben-Müssen. Beide Seiten sind bereit, zuzuhören, nachzugeben, Kompromisse einzugehen. In unserem Beispiel spricht Lina ihre Gefühle offen und ruhig an: »Ich fühle mich gerade etwas alleingelassen – kannst du mir sagen, wann du wieder Zeit hast?« Ihre Schwester erklärt sich: »Ich war überfordert – aber nächste Woche habe ich Kapazitäten.« *Lösung:* Beide erkennen das Bedürfnis der anderen an und Vertrauen entsteht.

---

* Paul Watzlawick: Menschliche Kommunikation: Formen, Störungen, Paradoxien (Klassiker der Psychologie), 13. Auflage, Hogrefe 2016.

2. Phase: Der Konflikt verhärtet sich – eine gewinnt, eine verliert. Hier geht es nicht mehr nur um das eigentliche Thema, sondern auch um Stolz, Gesichtsverlust, Macht und alte Verletzungen. Es entstehen Lager, vielleicht sogar Koalitionen. Die Kommunikation wird schärfer, spitzer, vergifteter. In dieser Phase wird Lina wütend und wirft ihrer Schwester vor, nie Verantwortung zu übernehmen. Die Schwester fühlt sich angegriffen, verteidigt sich scharf: »Du willst doch eh immer nur alles bestimmen!« *Lösung:* Nur schwer möglich – meist fühlt sich mindestens eine Seite am Ende unfair behandelt.

3. Phase: Der Schaden ist kaum noch rückgängig zu machen – Emotionen dominieren das Geschehen. Es geht längst nicht mehr um das ursprüngliche Bedürfnis, sondern um Kampf, Rückzug, Bestrafung oder Trennung. In unserem Beispiel entscheidet sich Lina dazu, das Haus allein zu übernehmen und ihre Schwester auszuzahlen – ohne Rücksprache, woraufhin die Schwester mit rechtlichen Schritten droht: Die schwesterlichen Bande zerreißen. Was die Geschichte eindrucksvoll belegt: Hinter Konflikten stecken immer unsere Bedürfnisse und die damit verbundenen unterschiedlichen Erwartungshaltungen …

Um Konflikte besser zu verstehen – und vor allem zu vermeiden –, müssen wir lernen, unsere eigenen Bedürfnisse zu erkennen. Der Neurowissenschaftler Klaus Grawe* hat vier grundlegende menschliche Bedürfnisse beschrieben, die oft hinter Konflikten stehen:

1. Physiologische Bedürfnisse (wie Schlaf, Nahrung, Erholung)
2. Sicherheitsbedürfnisse (wie Stabilität, Kontrolle, Verlässlichkeit)
3. Soziale Bedürfnisse (wie Zugehörigkeit, Nähe, Wertschätzung)
4. Selbstwert und Autonomie (das Gefühl, gehört und respektiert zu sein)

Wenn jemand bei einer Erbsache das Gefühl hat, nicht gefragt zu werden, steckt oft nicht nur Ärger dahinter, sondern das Bedürfnis nach Zugehörigkeit und Anerkennung: »Ich möchte gesehen und ernst genommen werden.« Wenn wiederum ein Familienmitglied alles kon-

---

* Klaus Grawe: Psychologische Therapie. Hogrefe 1998.

trollieren will, steckt dahinter möglicherweise das Bedürfnis nach Sicherheit: »Ich brauche klare Strukturen, sonst verliere ich die Kontrolle.«

Eine kleine Checkliste, um Konflikte zu vermeiden oder zu entschärfen

1. **Bei uns selbst anfangen**

   Was genau stört mich? Welches Bedürfnis wird gerade nicht erfüllt? Suchen Sie nach dem echten Kern Ihrer Emotion, als sich von ihrer oberflächlichen Wucht lenken zu lassen.

2. **Nicht vorschnell reagieren**

   Wenn unser Vorschlag abgelehnt wird oder jemand uns widerspricht, reagiert unser System mit Stress. Es meldet: »Gefahr!« Doch nicht jede Ablehnung ist eine Bedrohung – vielleicht verfolgt die andere Person nur ein anderes Bedürfnis.

3. **Die Perspektive wechseln**

   Fragen Sie sich: Was könnte die andere Person gerade brauchen? Sicherheit? Respekt? Ruhe? Unterstützung?

4. **Den Menschen sehen statt nur das Verhalten**

   Niemand wird von sich aus bösartig. Hinter jedem Verhalten steckt ein Beweggrund. Erst wenn sich Konflikte zuspitzen und lange ungelöst bleiben, kann das Verhalten destruktiv werden.

Tipp: Gehen Sie sanft in Konflikte. Halten Sie inne. Hören Sie zu – auch sich selbst. Fragen Sie sich ehrlich: Was brauche ich gerade wirklich? Und was braucht der andere? In besonders sensiblen Situationen – wie einer Erbengemeinschaft – ist dieser bewusste Umgang mit Bedürfnissen der Schlüssel, um Streit zu verhindern, Beziehungen zu bewahren und tragfähige Lösungen zu finden. Denn wer Bedürfnisse versteht, versteht auch die Menschen. Und wer Menschen versteht, kann Konflikte noch vor ihrer Eskalation lösen.

Mehr zu diesem Thema finden Sie hier:

- Harvard-Konzept der Konfliktphasen (Win-Win, Win-Lose, Lose-Lose), etwa nach Roger Fisher
- Bedürfnisse als Konfliktursache, etwa nach Friedrich Glasl
- Emotionale Eskalation & Kommunikationspsychologie, etwa nach Klaus Grawe oder Marshall B. Rosenberg
- Systemische (Denken in Zusammenhängen) Ansätze, etwa nach Paul Watzlawick oder Gregory Bateson
- Humanistische Ansätze (Der Mensch im Mittelpunkt), etwa nach Carl Rogers oder Abraham Maslow

Vorbeugen ist die beste Maßnahme

Schauen wir uns mal ein Beispiel an, das direkt in eine mittelgroße Katastrophe führen kann: Eine Erbengemeinschaft findet ein Sparbuch und die Beteiligten verteilen das Geld sofort untereinander auf. Doch:

- Was passiert, wenn sich später herausstellt, dass der Erblasser noch große Schulden hatte?
- Was ist, wenn es um die Aufteilung eines Grundstücks geht? Wie wird das fair aufgeteilt?
- Was passiert, wenn ein Grundstück nach der Übertragung auf einen Erben viel mehr wert ist als ursprünglich angenommen?

Ich empfehle immer einen schrittweisen Ansatz, um solche Streitpunkte zu vermeiden, also Stein auf Stein wie beim Hausbau. Denn auch bei der Nachlassabwicklung braucht man zuerst ein solides Fundament: eine gute Basis an Informationen und ein umfangreiches Verständnis für die Situation aller Beteiligten – diese könnten etwa finanzielle Probleme haben, andere Sorgen als die finanziell stabilen Erben. Beide haben andere Bedürfnisse und legen daher auch eine andere Art der Geduld bei der Abwicklung an den Tag. Ist man sich darüber im Klaren (und einig), folgt die konkrete Planung und Abwicklung des Nachlasses, inklusive einer auch aus Sicht aller Beteiligten fairen Aufteilung von Vermögenswerten wie Bargeld oder Immobilien.

Für diese einzelnen Schritte habe ich den praktischen Fünf-Phasen-Plan entwickelt, einen Fahrplan, den ich im folgenden Kapitel vorstellen werde. Er ermöglicht die notwendige Struktur des Nachlassverfahren, die es allen Beteiligten nachvollziehbar werden lässt. So wissen alle genau, wo sie stehen und warum. Und nur so kommen Sie der Auszahlung Ihres Erbteils und der Wahrung des Familienfriedens ein Stück näher. Denn am Ende des Tages geht es nicht nur um Geld oder Besitztümer, sondern darum sicherzustellen, dass alle ihre fairen Anteile erhalten, sich gesehen, gehört und respektiert fühlen. Eine sorgfältige Planung ist für die erfolgreiche Ausführung eines jeden Projekts unerlässlich. Jeder Schritt hat in der Regel seinen Grund und das Übersehen eines davon kann den gesamten Abwicklungsprozess beeinflussen – das gilt auch für die Nachlassauseinandersetzung.

Nehmen wir doch nur erneut das Beispiel des vererbten Grundstücks, das aufgeteilt werden soll. Stellen Sie sich vor, Sie verzichten darauf, es gleich zu Anfang richtig schätzen zu lassen. Welche Konsequenzen würden daraus folgen? In den meisten Fällen schafft es falsche Erwartungen, denn wenn niemand weiß, wie viel ein Grundstück wert ist, beginnen die Spekulationen, die überhöhten Schätzwerte und substanzlose Fantasievorstellungen – ein bis oben hin vollgestopftes Pulverfass. Dann muss nur noch einer die Lunte zünden und alles fliegt Ihnen um die Ohren.

Das lässt sich vermeiden: Es gibt zahlreiche Möglichkeiten, den Wert eines Besitzgegenstandes auszumachen. Anders als bei einem Geldbestand auf dem Konto kann der Wert einer Immobilie jedoch nie auf den Cent genau bestimmt werden, denn er ist immer abhängig von den äußeren Rahmenbedingungen einer Begutachtung wie Zeitpunkt, Gutachter, Marktlage et cetera. So werden zwei verschiedene Gutachter auch mit Sicherheit zwei unterschiedliche Einschätzungen liefern. Der geschätzte Wert einer Immobilie sagt also rein gar nichts über den möglichen Verkaufspreis aus. Und ja, das macht die Sache mit den vererbten Immobilien zugegebenermaßen nicht immer ganz einfach. Daher rate ich in solchen Fällen in der Anfangsphase zu einer sogenannten Marktwerteinschätzung oder einem Kurzgutachten.

Gut zu wissen

Sprechen Sie vorab mit den Miterben. Entscheiden Sie gemeinsam, wie die Wertermittlung erfolgen soll. Verhandeln Sie ruhig einen Pauschalpreis mit dem Gutachter. Wir zahlen regelmäßig circa 500 bis 800 Euro für eine solche kurze Bewertung. Sie können sich aber auch eine Marktwerteinschätzung von einem Makler einholen – beachten Sie aber, dass dieser dann auch großes Interesse an einer Beauftragung hat und eine Provision berechnen wird.

Schalten Sie einen Makler ein, werden Sie häufig mit ihm diskutieren. Bitte verlassen Sie sich nicht allein auf Aussagen, wie »Bieterverfahren ist unseriös« oder »Wir müssen das Objekt nicht online ausschreiben«, »Wir haben einen großen Kundenstamm«. Diskutieren Sie mit dem beauftragten Makler stattdessen, wie sich der beste Preis für die Immobilie oder das Grundstück erzielen lässt.

Meiner Erfahrung nach ist es zu Beginn wichtig, einen ersten Rahmen für den Wert festzulegen, eine Preisspanne, innerhalb derer das Grundstück voraussichtlich verkauft werden könnte. Damit haben Sie den Ausgangspunkt der Bewertung festgelegt. Der Verkauf kann dann etwa über ein Bieterverfahren ablaufen, das es erlaubt, den Marktwert bis zum höchstmöglichen Kaufpreis auszureizen. Der eindeutig festgelegte Kaufpreis wiederum lässt sich im Gegensatz zum schwammigen Schätzwert hervorragend auf mehrere Erben aufteilen.

Erfahrungsgemäß tauchen die Schwierigkeiten immer bei endgültigen Beschlüssen auf, weil niemand einen Fehler machen oder vielleicht eine falsche Entscheidung treffen will. Daher sollten Sie im Vorfeld bedenken:

- Welche Fragen können am Ende relevant werden?
- Wie können diese offenen Fragen am besten gelöst werden?
- Wie lassen sich bestimmte Entscheidungen vereinfachen?
- Und welche Maßnahmen kann man ergreifen, um solche Fragen gar nicht erst aufkommen zu lassen?

Eine Möglichkeit, mangelnder Entschlussfreudigkeit vorzubeugen, ist das Angebot unterschiedlicher Lösungswege und die Berücksichtigung der jeweiligen Wünsche der einzelnen Erben. Ein Erbe aus den USA zum Beispiel hat in der Regel kein Interesse an der Übernahme einer Immobilie in einem abgelegenen deutschen Örtchen. Denn der Aufwand, ein solches Objekt zu betreuen, steht häufig nicht im Einklang mit den Vorstellungen eines Erben aus Übersee. In den meisten Fällen wird man hier also einen Verkauf bevorzugen.

Gut zu wissen

Die Interessen der Erben zu berücksichtigen und Alternativen aufzuzeigen, heißt nicht, dass Sie als Teil einer Erbengemeinschaft für alle Beteiligten entscheiden dürfen. Was Sie persönlich als Lösung vorziehen würden, ist für jemand anderen vielleicht nicht optimal. Möglicherweise passt die neue Situation, etwa nach einer Werteinschätzung, besser in die Lebensplanung der Erben als zuerst von Ihnen angenommen. Unterschiedliche Erben bedeutet: unterschiedliche Persönlichkeiten, unterschiedliche Erwartungen, unbekannte Größen. In gewisser Weise macht das den Nachlass zu einem Ratespiel. Es sei denn, Sie sorgen vor: Sprechen Sie miteinander, hören Sie allen Beteiligten zu und finden Sie heraus, was alle Erben wirklich wollen.

Meine mehr als zwanzigjährigen praktischen Erfahrungen haben mich gelehrt: Es gibt fast immer eine Lösung! Bei gesetzlichen Hürden ebenso wie bei den persönlichen Beweggründen der Erbbeteiligten. Wir haben bisher immer einen möglichen Weg zur Einigung gefunden. Lassen Sie sich also nicht entmutigen und nutzen Sie stets alle zur Verfügung stehenden Möglichkeiten.

Konflikte – clever gelöst

Sie können auch noch so gut vorbereitet sein, manchmal sind sie dennoch plötzlich da: die Konflikte, die Streitigkeiten. Oft entstehen sie dann, wenn Mitglieder der Erbengemeinschaft keine Klarheit über das Verfahren haben, persönliche Interessen in den Vordergrund stellen oder mit emotionalen Belastungen kämpfen. Jetzt heißt es: innehalten, einen Schritt zurücktreten und nach den wahren Ursachen forschen. *Wer hat welches Problem? Warum fühlt sich jemand unfair behandelt oder übergangen?*

Sind es sachliche Gründe, lassen sich solche Hindernisse meist ebenso sachlich und schnell aus dem Weg räumen. Geht es allerdings um persönlich motivierte Beweggründe, um Emotionen wie etwa verletzte Gefühle, dann ist psychologische Arbeit gefragt. Es gilt, diesen Beteiligten klarzumachen, dass es nun mal ihre Gefühle sind, die in der Auseinandersetzung eine Rolle spielen – oder eben nicht. Was gibt jemand auf, der partout auf seinen Standpunkt besteht, und was gewinnt er damit? Meist ist die Antwort darauf: nichts! Findet man also die wahre Ursache für einen Konflikt, lässt er sich mit der richtigen Herangehensweise bald auflösen.

Stellen Sie sich die folgende Situation vor: Manuela beharrt in jeder Diskussion um das Erbe, sei es über Entscheidungen oder etwa die Aufteilung, hartnäckig auf ihrer Meinung. Das tut sie in jeder Situation – auch beruflich ist sie bekannt dafür, dass sie neben ihrer Meinung selten eine andere duldet, selbst wenn sie nachweisbar falschliegt. Als Teil der Erbengemeinschaft bleibt sie dementsprechend ebenfalls bei jedem Thema standhaft. Schon die Auswahl des Gutachters, der die geerbte Immobilie bewerten soll, ist ein Kampf, denn Manuela lässt neben ihrer Wahl keine andere gelten. Objektiv betrachtet bringt ihr das keinen greifbaren Vorteil: Sie wird weder für das Durchsetzen »ihres« Gutachters Geld erhalten, noch wird sie eine bessere Position in der Erbengemeinschaft erringen.

Schauen wir uns einmal an, welche Ursachen ein solches Verhalten haben könnte:

- **Psychologische Ursachen (mögliche »wahre« Motive)**
  Hier geht es um Identitätswahrung und Selbstwertschutz – Manuelas Festhalten am eigenen Standpunkt dient dem inneren Schutz und sie lässt sich von dem leiten, was schon ihr ganzes Leben bestimmt. Unbewusst stellt sie die folgende Abhängigkeit her: »Wenn ich unrecht habe, bin ich schwach, dumm oder einfach unterlegen.« Ihre Angst vor einem vermeintlichen Gesichtsverlust ist so groß, dass sie lieber weiter um sich schlägt und streitet.

- **Verletzter Stolz oder vergangene Kränkungen**
  Der Konflikt steht stellvertretend für eine frühere Kränkung oder Ablehnung Manuelas. Oft musste sie für den jüngeren Bruder zu-

rückstecken. Er bekam den gewünschten Roller, sie nur die »Petra«-Puppe (statt die »Barbie«), der Bruder ging selbstverständlich aufs Gymnasium, Manuela musste den Umweg über die Abendschule machen. Und so wird das aktuelle Thema zur Bühne für die Austragung eines alten, in der Kindheit angelegten Konflikts.

- **Macht- oder Kontrollbedürfnis**
  Durch das Beharren versucht Manuela, Kontrolle über eine Situation oder andere Menschen zu behalten. Auch hier geht es um tiefere Ursachen: das Bedürfnis nach Anerkennung im Raum.

- **Bindungsdynamik**
  Manuelas Sturheit könnte ebenso ein verkappter Versuch sein, Beziehung zu erhalten oder Aufmerksamkeit zu bekommen, etwa über Streit statt über Zuwendung.

Wie kann man so einen Konflikt vernünftig lösen? Das besprechen wir im nächsten Abschnitt.

Konfliktlösung: Eine kurze Anleitung in vier Schritten

1. **Nicht gegen die Meinung kämpfen, sondern gegen die Verhärtung des Konflikts**
   Fragen Sie zum Beispiel: »Was ist dir an diesem Punkt besonders wichtig?« oder »Was würde es für dich bedeuten, wenn du diesen Standpunkt aufgibst?«.

2. **Auf die Metaebene (eine Art Vogelperspektive) gehen**
   Stellen Sie fest und fragen Sie nach: »Ich merke, wir kreisen schon länger um diesen Punkt. Was steckt da aus deiner Sicht noch dahinter?«

3. **Empathische Spiegelung statt Konfrontation**
   Zeigen Sie Verständnis: »Ich kann verstehen, dass du dich ernst genommen fühlen möchtest. Das ist mir auch wichtig.« Stellen Sie hiermit die Beziehung vor den Inhalt.

4. **Rahmen erweitern**
   Fragen Sie nicht »Wer hat recht?«, sondern: »Wie kommen wir gemeinsam zu einer Lösung, mit der wir beide gut leben können?«

Wenn jemand starr auf seinem Standpunkt beharrt, obwohl es objektiv keinen erkennbaren Nutzen bringt, geht es nicht um den Inhalt, sondern um das Gefühl dahinter: Anerkennung, Sicherheit, Kontrolle, Selbstwert. Wer das erkennt, kann aus der Eskalation aussteigen und die Beziehungsebene stärken.

Ein Beispiel aus der Praxis

Ein Fall, eine Lösung: Zwei Geschwister – Viola und Sebastian – streiten darüber, ob das Elternhaus verkauft oder erhalten werden solle. Die Eltern haben im Testament festgelegt, dass das Haus erst fünf Jahre nach ihrem Tod verkauft werden dürfe, und Sebastian will sich daran halten. Er besteht hartnäckig darauf, dass das Haus auf keinen Fall verkauft werden dürfe, auch wenn er weiß, dass der Verkauf die finanziell sinnvollere Lösung wäre. Viola dagegen will das Haus verkaufen, sie möchte das Geld aus ihrem Erbanteil anlegen und damit langfristig arbeiten. Sie weiß, dass der testamentarische Wunsch der Eltern nicht rechtlich bindend ist – er ist lediglich als Wunsch und damit als »Anstandsklausel« formuliert, an die sich die Erben nicht halten müssen. Faktisch bringt Sebastian das Beharren auf den Wunsch der Eltern keinen Vorteil. Im Gegenteil: Das Ganze kostet Zeit und Geld und belastet das Verhältnis zu Viola.

Um zu verstehen, was Sebastian antreibt, müssen wir hinter die Kulissen schauen. Mögliche psychologische Ursachen könnten sein: eine sehr emotionale Bindung an das Elternhaus. Für Sebastian symbolisiert das Haus Kindheit, Familie, Sicherheit und den letzten Wunsch der Eltern. Der Verkauf fühlt sich für ihn wie ein Verlust der Vergangenheit und wie ein Verrat an den Eltern an. Jedoch könnte auch ein verborgener Machtkampf oder eine nicht aufgearbeitete alte Geschwisterdynamik hinter Sebastians Verhalten stecken, möglicherweise hat Viola schon immer alles bestimmt – jetzt will sich Sebastian einmal durchsetzen, was ihm wichtig ist.

Wie kann der Streit, der Konflikt beigelegt werden?

1. **Perspektivwechsel anbieten statt die Position angreifen**
   Viola könnte sagen: »Sebastian, ich merke, wie wichtig dir das Haus ist. Hilf mir zu verstehen, was es für dich bedeutet.«
   Ziel: Viola zeigt Gefühl, nimmt den Bruder wahr und ernst, statt nur seine Meinung zu kritisieren.

2. **Gemeinsame emotionale Ebene herstellen**
   Eine Alternative für Viola ist die Herstellung einer gemeinsamen Ebene. Sie könnte argumentieren: »Für mich ist das Ganze auch nicht leicht. Ich vermisse Mama und Papa sehr – manchmal frage ich mich auch, ob es hier für uns überhaupt eine richtige Entscheidungsmöglichkeit gibt.«
   Ziel: Verbindung über den gemeinsamen Schmerz statt Konfrontation über Inhalte.

3. **Anerkennung aussprechen**
   Auch die Anerkennung könnte ein möglicher sinnvoller Schritt sein. Viola sagt: »Ich sehe, dass du dir viele Gedanken machst und dir das Ganze nicht egal ist. Auch wenn wir unterschiedlicher Meinung sind, schätze ich deinen Einsatz.«
   Ziel: Selbstwertgefühl des anderen würdigen, denn damit lässt er eventuell schneller los.

4. **Zeit und Raum für Dialog geben**
   Der vierte Lösungsschritt: Zeit gewinnen. Viola schlägt Sebastian vor: »Wollen wir uns in ein paar Tagen nochmal zusammensetzen, vielleicht mit einem neutralen Dritten? Ich finde, das Thema verdient Ruhe statt Druck.«
   Ziel: Druck rausnehmen, Verbindung stärken und Kooperationsbereitschaft fördern.

Bei festgefahrenen Positionen in emotionalen Konflikten ist die Lösung selten auf der sachlichen Ebene zu finden, sondern im Bedürfnis, gesehen und gehört zu werden. Wenn Sie dem anderen das Gefühl »Du bist mir wichtig, auch wenn wir uneinig sind« geben, öffnet sich häufig eine Tür zur echten Verständigung. Es gibt allerdings auch Fälle, in denen eine Person trotz aller Argumente und Bemühungen um einen Kompromiss einfach blockiert und den gesamten Prozess so lange verzögert, bis es zu einer gerichtlichen Auseinandersetzung kommt. Auch darauf muss man vorbereitet sein. Diese Art Widerstand ist oft tief auf einer persönlichen Ebene verankert und kann daher kaum sachlich gebrochen werden. In solchen Fällen geht es um das allseits bekannte Prinzip des Recht-haben-Wollens. Und auch das müssen Sie dann leider akzeptieren.

Die Erbengemeinschaft – Ein Fall für sich

Erbt man nicht allein, sondern als Teil einer Erbengemeinschaft, sind Konflikte oftmals vorprogrammiert. Alle Interessen beim Erben auf einen Nenner zu bringen, ist nicht leicht. Besonders herausfordernd ist der Umgang mit einer zerstrittenen Erbengemeinschaft. Doch auch hier gibt es verschiedene bewährte Herangehensweisen. Allerdings sollte meiner Meinung nach die Zwangsversteigerung oder eine Zwangsauseinandersetzung eher als letzter Ausweg angesehen werden, denn auch hier muss am Ende die Einigung der Erbengemeinschaft stehen (etwa einheitliche Zustimmung beim Versteigerungsgericht, an wen das Geld ausbezahlt wird, denn ist auch nur einer verärgert und verweigert die Mitwirkung, dann wird das Geld nicht ausbezahlt). Auch eine mögliche Teilungsklage – ein rechtliches Mittel, das ein Mitglied einer Erbengemeinschaft dann nutzen kann, wenn die Auflösung einer Erbengemeinschaft gewünscht ist – ist selten von Erfolg gekrönt. Nahezu keinem Anwalt gelingt es, eine erfolgreiche Klage dieser Art einzureichen, denn ein Erbe muss erst einmal teilungsreif sein, dass es also in gleichartige Anteile zerlegt und somit gerecht unter den Erben verteilt werden kann. Das aber ist so selten der Fall, dass es fast immer gelingt, der Teilungsreife zu widersprechen! Doch dazu muss es nicht kommen. Denn bevor das Ganze vor Gericht landet, gibt es einige andere Wege.

Von Fakten und Wahrnehmungen, Wünschen und Erwartungen

Wir müssen uns eines klarmachen: Wir alle sehen und bewerten die Welt auf unsere Weise. Was dem einen wertlos scheint, kann für die andere schlichtweg unbezahlbar sein. Wir alle kennen mindestens eine Person mit einem uralten, verrosteten Wagen, die dennoch stolz verkündet: »Ich würde lieber sterben, als mein Baby zu verkaufen!« Bei solchen Aussagen spricht man von dem Liebhaberwert eines Gegenstandes. Er ist gebunden an Erinnerungen und Emotionen, vielleicht sogar ein Stück weit an die Gewohnheit. Doch – und das ist entscheidend – er hat nichts mit dem materiellen und damit echten Wert des Objekts zu tun.

Verlässt man sich also allein auf das Bauchgefühl, dann kann bei einer professionellen Schätzung oder Versteigerung am Ende der große Schrecken folgen. Besonders häufig ist das bei Schmuckstücken aus dem Nachlass einer geliebten Person der Fall. Denn Schmuck ist nicht selten emotional besetzt. Erben Sie zum Beispiel den Ring Ihrer Mutter, ist es nicht ganz einfach, ihn vollkommen nüchtern als bloßen Gegenstand zu betrachten. Für Sie wird er immer mehr sein als sein reeller Geldwert. Wenn Sie dann auch noch wissen, dass er seinerzeit 4 000 D-Mark gekostet hat, dann würden Sie ihn vermutlich heute auf mindestens 2 000 Euro schätzen – und sich dabei prompt verschätzen. Denn sein realer Wert wird vom Goldanteil und dem momentanen Goldpreis auf dem Markt abhängen.

Schwankung des Goldwertes

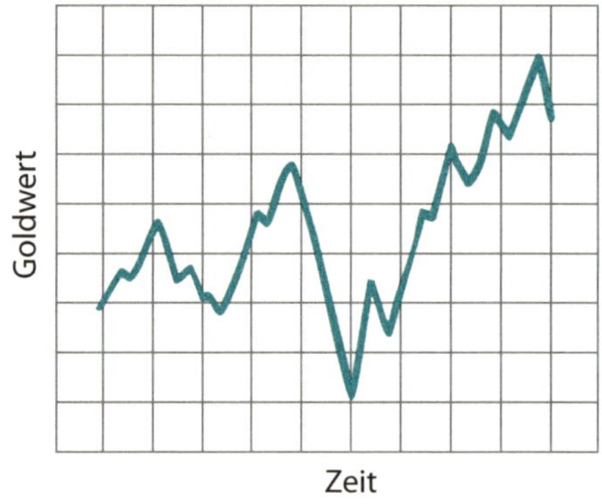

Diese Diskrepanz zwischen gefühlter und objektiver Wahrnehmung kann auch der Anlass für Streitigkeiten innerhalb einer Erbengemeinschaft sein: Wenn einer der Miterben beschließt, den anderen Erben einen Gegenstand aus dem Nachlass abzukaufen, dann können sich unterschiedliche Preisvorstellungen zu einem schwerwiegenden Konfliktgrund entwickeln. Fakten hingegen, also unabhängige Gutachten und handfeste Bieterangebote, schaffen klare und vor allem überzeugende Tatsachen. Konkrete Zahlen bedeuten weniger falsche Hoffnungen und irreführende Illusionen. Und das ist schließlich unser Ziel: Wir wollen die Nachlassregulierung möglichst transparent abwickeln. Dabei hilft es, sich eines vor Augen zu führen: Die Akteure in einer

Erbengemeinschaft oder im Falle anderer Konfliktsituationen sind hinsichtlich des Einigungsprozesses nicht an gesetzliche oder formelle Vorgaben gebunden. Sie haben die Freiheit, individuelle, für alle annehmbare Lösungen zu suchen und anzunehmen. Das klingt zu schön, um wahr zu sein – und ist es leider auch. Denn oft scheitern solche Einigungen an einem grundlegenden Problem: an **mangelnder Kommunikation** über die tatsächlichen Interessen der Beteiligten.

Es ist wie mit dem Gleichnis von den zwei Schwestern, die sich um eine Orange streiten. Jede Schwester fordert sie für sich, ohne die Interessen der anderen zu berücksichtigen. Nach langem Streit entscheiden sie schließlich, die Orange in zwei Hälften zu schneiden – eine scheinbar faire Lösung. Jede sollte eine Hälfte bekommen und damit wäre die Sache erledigt. Doch war das auch die beste Lösung? Nein, denn die wahren Absichten der Schwestern offenbaren am Ende, dass der Kompromiss mit der zerteilten Orange weder gewinnbringend noch notwendig gewesen wäre: Die eine Schwester will die Orange nur zum Saftauspressen, während die andere lediglich die Schale für einen Kuchen benötigt. Hätten sie miteinander gesprochen und ihre Bedürfnisse klar kommuniziert, hätten sie die Orange optimal nutzen können: Eine hätte den Saft bekommen, die andere die Schale – und beide wären ganz ohne Streit zufrieden gewesen. Diese Parabel zeigt, wie wichtig es ist, nicht nur stur auf Position und Wünschen zu beharren, sondern die Interessen zu ermitteln, die bei allen dahinterstecken. Für eine gerechte und zufriedenstellende Lösung sollte man die **Absichten aller Beteiligten verstehen** und sich auf die Fakten fokussieren. Nur so kann eine Verteilung erreicht werden, bei der nicht nur vermeintliche Fairness, sondern auch der größtmögliche Nutzen für alle entsteht.

Wie aber löse ich als Betroffene in einer solchen Situation derartige – nicht faktenbasierte – Konflikte? Ich stelle die Fakten zusammen und mache die individuelle Wahrnehmung des Erben dem Erben sichtbar. Denn jeder urteilt hier individuell nach der eigenen Wahrnehmung. Setzen Sie also auch immer auf Fakten, bestehen Sie auf sie! Was heißt das konkret?

Wenn ich die Finanzen des Verstorbenen zusammenstelle, mache ich zunächst meine Vorgehensweise deutlich (etwa Bankauskunft, Konten prüfen, Schließfächer checken, Bargeld aufnehmen …). Ich verdeutliche, dass beispielsweise die Bank eine bestimmte Zeit für die Zusammenstellung benötigt; zeige, wie wir vorgehen und wie viel Zeit wir dafür voraussichtlich benötigen. All diese Fakten hebeln die Wahrnehmung der Miterben in der Regel aus und holen sie so aus ihren Ecken der gefühlten Wahrheiten.

Natürlich ist das kein Patentrezept zur Konfliktvermeidung. Es kann Sie aber auf Situationen vorbereiten, in denen Sie mit diesen »gefühlten Wahrheiten« anderer konfrontiert werden. Zücken Sie in diesem Fall unbedingt die Faktenkarte. Und prüfen Sie auch sich selbst: *Agiere ich auf Faktenbasis oder fließen hier »meine« Wahrnehmungen ein?* Es müssen sich alle Beteiligten, also die Erben, bewusst machen, wann und ob sie sich auf Tatsachen oder ihre persönliche Wahrnehmung stützen.

Ein Beispiel aus der Praxis

Neben Erwartungen sind es auch die Wünsche, die ein Erbe und der Umgang damit verkomplizieren können. So hatte ich unlängst einen Fall mit vier Schwestern, die sich über die Erbschaft stritten. Alexandra, Lena, Wilma und Florentine hatten schlicht unterschiedliche Erwartungen und Wünsche an das Erbe. Als ich Alexandra fragte, was für sie ein positives Ergebnis wäre, sagte sie, sie wünsche sich eine Entschuldigung von Wilma, denn die jüngere Schwester hätte aus ihrer Sicht immer wieder auf Alexandras Kosten Wünsche bei den Eltern durchgesetzt – mal ein Geschenk außer der Reihe, mal eine Ausnahmeregelung der Eltern beim Nachhausekommen nach einer Party. Ich fragte sie, ob es sich bei der erhofften Entschuldigung um einen Wunsch oder eine Erwartung handele. Sie antwortete leise: »Ich wünsche sie mir.« Ich nickte und sagte: »Ein Wunsch kann in Erfüllung gehen – aber er muss es nicht. Wir haben darauf bedauerlicherweise keinen Anspruch. Sie werden eventuell damit leben müssen, dass dieser Wunsch offenbleibt.«

Wäre es eine Erwartung gewesen, hätte ich den Fall nicht weiter begleiten können, denn ich habe keine Macht über andere Menschen: Wir können niemanden zu einer Entschuldigung zwingen, auch nicht die eigene Schwester. Ein Wunsch ist etwas, mit dem man leben kann, selbst wenn er unerfüllt bleibt. Eine Erwartung jedoch, die an meine Arbeit geknüpft ist und die ich nicht beeinflussen kann, erschwert eine gute Zusammenarbeit erheblich. Daher halte ich es für äußerst wichtig, mit den Erben zu klären, welche Wünsche und Erwartungen sie an die Nachlassabwicklung haben.

Oft führen unrealistische Erwartungen zu Enttäuschungen. Wenn wir diese Erwartungen in Wünsche umwandeln können, zum Beispiel bezüglich des Verkaufspreises einer Immobilie, dann kann dies bei der Konfliktvermeidung helfen. Sie sollten also darüber nachdenken, ob Sie in einer Erwartungshaltung feststecken oder einfach einen Wunsch äußern. Sie müssen sich auch bewusst werden, was realistisch ist, was aber auch nicht in der Hand des Nachlassabwicklers liegt.

Bei allem gilt: Konflikte lösen Sie nur, wenn Sie auch die andere Sichtweise, den anderen Standpunkt berücksichtigen.

Ein gutes Beispiel, das die Konsequenzen verdeutlicht, die solch ein unverrückbares Verharren auf der eigenen Position haben kann, war der Fall einer Erbengemeinschaft mit einer äußerst verstrickten Konstellation der Erbberechtigten: Eine Frau war unerwartet verstorben. Sie und ihr Mann hatten sich zuvor gegenseitig als Alleinerben eingesetzt und die Tochter der Ehefrau aus erster Ehe zur Schlusserbin bestimmt. Eine solche Erbeinsetzung kommt unter Eheleuten häufig vor und wird als »Berliner Testament« bezeichnet.

Gut zu wissen

Ein Berliner Testament ist eine besondere Art von Testament, die oft von Ehepaaren genutzt wird, denn es regelt das gemeinsame Vermögen nach dem Tod eines Partners und hat folgende Funktionen:

1. Absicherung des überlebenden Ehepartners: Beide Ehepartner setzen sich gegenseitig als Alleinerben ein. Wenn einer stirbt, bekommt der andere das gesamte Vermögen zur freien Verfügung.
2. Schlusserbenregelung für die Kinder: Die Kinder (oder andere Erben) erben erst, wenn auch der zweite Ehepartner verstorben ist. Man nennt sie in diesem Fall die Schlusserben.

Das Berliner Testament sorgt also dafür, dass der überlebende Partner finanziell abgesichert ist und die Kinder ihr Erbe erst später erhalten.

Wichtig zu wissen: Ein Berliner Testament ist nach dem Tod einer der Parteien möglicherweise schwer zu ändern, weil eine Bindung eingetreten ist. Wollen Sie eine Bindung nicht, müssen Sie ausdrücklich eine Möglichkeit zur Änderung vorsehen. Außerdem kann es steuerliche Nachteile haben, weil die Kinder erst nach dem Tod des zweiten Ehepartners ihren Freibetrag bei der Erbschaftsteuer nutzen können. Oder der Alleinerbe plötzlich mit Pflichtteilsansprüche konfrontiert wird. Sinnvoll ist ein Berliner Testament aber besonders dann, wenn Ehepartner sicherstellen möchten, dass der andere gut versorgt ist und das Vermögen in der Familie bleibt.

Damit war die Erbfolge zunächst nichts Ungewöhnliches und die Tochter der Ehefrau verzichtete, wie von den Eheleuten erwartet, auf die sofortige Geltendmachung des Pflichtteils nach dem Tod der Mutter. Der Verzicht auf die Geltendmachung des Pflichtteils und das Vertrauen, später in der Erbfolge berücksichtigt zu sein, führte dazu, dass der überlebende Ehepartner weiter im Haus wohnen bleiben konnte, weil nicht genug Bargeld vorhanden war, um den Pflichtteil auszuzahlen. So weit, so gut. Doch dann wurden die Karten neu gemischt: Im hohen Alter beschloss der Witwer, sein Patenkind zu adoptieren. Ein neuer Pflichtteilsberechtigter kam also hinzu, der nach dem Ableben des Witwers nun die Hälfte des Schlusserbes wollte. Warum die Hälfte? Weil der Ehemann im Gegensatz zu seiner Frau keine eigenen Kinder hatte. Das adoptierte Patenkind wurde demnach zu seinem Alleinerben und per Gesetz voll erbberechtigt. Nachdem also die Schlusserbeinsetzung seitens der verstorbenen Ehefrau bindend wurde, stand ihrer leiblichen Tochter nur noch die Hälfte des Erbes zu, während das adoptierte Kind als Pflichtteil die andere Hälfte erhalten sollte. Doch damit nicht genug der Verstrickungen: Noch vor seinem Tod sicherte der Witwer seinem Adoptivkind, das ihn pflegte, hohe monatliche Leistungen zu – alles sorgsam festgehalten in einem notariell beglaubigten Vertrag. Die Vergütung für die Pflegeleistungen sollte mit dem Todestag des Adoptivvaters – also über Jahre rückwirkend – fällig werden. Interessant bei der Geschichte: Der Witwer hatte die Pflegestufe 0 – hätte die Hilfe also nicht benötigt. Nach der Adoption hätte das Adoptivkind im Vater-Tochter-Verhältnis eine gewisse Hilfe leisten können, aber ließ sich stattdessen bezahlen. Kurzum: Es war ein schwieriger Fall, der viel Feingefühl und Verhandlungsgeschick erforderte. Der Nachlass war durch Adoption und Pflegeansprüche nahezu ausgehöhlt und musste dennoch gemäß Testament verteilt werden. Und bei der Testamentsvollstreckung machten natürlich alle Beteiligten ihre Ansprüche in dem Maße geltend, wie sie es für gerecht hielten. Wie sollte man hier zu einer Einigung kommen?

Das Adoptivkind zeigte sich von Anfang an nicht gesprächsbereit und schaltete direkt einen Anwalt ein. Dieser trat sehr fordernd auf, schlug buchstäblich mit der Faust auf den Tisch und machte kompromisslos sämtliche Ansprüche geltend. Die Haltung war eindeutig: Die leibliche Tochter der verstorbenen Frau sollte leer ausgehen. Für uns war anhand der Fakten klar: Der Pflichtteilsanspruch ist unstrittig, die Pflegeleistungen dagegen strittig. Denn trotz notarieller Verpflichtung konnte im Nachhinein nicht festgestellt werden, ob die vereinbarten Pflegeleistungen überhaupt und wenn ja in welcher Höhe erbracht worden waren. Trotz unseres Vorschlags und der Empfehlung, die Angelegenheit in Ruhe und ohne Eskalation zu regeln, entschieden sich alle Beteiligten dafür, den Weg vor Gericht zu gehen. Dort herrschte Anwaltszwang, sodass sich jede Partei rechtlich vertreten lassen musste – unabhängig davon, ob sie das ursprünglich wollte oder nicht. Am Ende entschied die Richterin im Wesentlichen nach dem Vorschlag, den ich bereits im Vorfeld als Lösung entworfen hatte, mit nur geringfügigen Anpassungen. Doch zu diesem Zeitpunkt war der Schaden bereits entstanden: Von den ausgezahlten Beträgen mussten sowohl die Anwalts- als auch die Gerichtskosten beglichen werden. So kam es, dass alle verloren hatten – emotional und finanziell. Jeder erhielt deutlich weniger, als möglich gewesen wäre, hätte man sich frühzeitig an einen Tisch gesetzt, gemeinsam die Zahlen geprüft und eine faire Lösung im Gespräch gesucht. Dieser Fall hat mir einmal mehr gezeigt: Ein Vergleich kann aus finanzieller und zeitökonomischer Sicht für eine Erbengemeinschaft oft viel sinnvoller sein als jedes Gerichtsverfahren. Auch komplexe Fälle können gelöst werden, wenn alle Beteiligten über die unterschiedlichen Möglichkeiten verhandeln und gemeinsam einen Kompromiss finden wollen.

Gut zu wissen

Man kann es nicht oft genug sagen: Kommunikation ist besonders bei Erbengemeinschaften der Schlüssel zum Erfolg. Denn vor allem in solchen Gemeinschaften treten häufig Spannungen auf, insbesondere wenn die Beteiligten schon länger im Streit liegen.

Wenn die Kommunikation ganz eingestellt wird, wird es nahezu unmöglich, die Angelegenheiten reibungslos zu regeln. Da die Erbengemeinschaft jedoch gemeinschaftlich Entscheidungen treffen muss und jeder zur Mitwirkung verpflichtet ist, sollten Sie versuchen, die Kommunikation wieder aufzunehmen. Dafür könnten Sie sich gemeinschaftlich auf einen neutralen Vermittler aus dem Kreis der Erbengemeinschaft einigen. Diese Person sollte sich bemühen, die Gespräche sachlich zu führen und keine neuen Konflikte zu erzeugen.

Wenn das nicht funktioniert, kann es ratsam sein, eine externe Person hinzuzuziehen, die als Vermittler fungiert. Dabei muss es nicht unbedingt ein Anwalt sein, der oft mit Forderungen auftritt. Eine neutrale Person kann helfen, die Wünsche und Bedenken aller Beteiligten zu berücksichtigen, wodurch die Erbengemeinschaft handlungsfähig bleibt.

Ich habe mit meinem Team in solchen Situationen gute Erfahrungen damit gemacht, dass wir die Rolle des Vermittlers übernommen haben. Unser Fokus lag auf der reinen Kommunikation, und wir haben die Beteiligten, beispielsweise beim Verkauf einer Immobilie, bei der Suche eines gemeinsamen Maklers unterstützt. Durch diese neutrale Vermittlung konnten wir die Emotionen aus dem Prozess herausnehmen und die Abwicklung in ruhigere Bahnen lenken, ohne dass die Erben direkt miteinander kommunizieren mussten.

Machen wir uns also eines klar: Im Falle von Erbengemeinschaften haben wir es in erster Linie mit Menschen zu tun. Und jeder Erbe wird mit seiner eigenen Weltsicht, seiner Perspektive, seinen Bewertungsgrundlagen und seinen Wünschen auf den Prozess der Nachlassabwicklung blicken. Damit diese für alle Beteiligten auf einen Nenner gebracht werden können und letzten Endes nicht an der Realität scheitern müssen, sind wir als Nachlassregulierer verpflichtet, den Weg der sachlichen und umfangreichen Information zu gehen. So schaffen wir **Sicherheit und Vertrauen**. Daher:

1. Verlassen Sie sich nicht auf Ihr Bauchgefühl, sondern **recherchieren Sie die Fakten**.
2. Sichern Sie sich mit **Gutachten und verbindlichen Angeboten** ab.
3. Bringen Sie sowohl die persönlichen **Erwartungen als auch die Wunschvorstellungen** aller Erben in Erfahrung.
4. Formulieren Sie mit allen Erben **gemeinsame Ziele und Forderungen**, die messbar und greifbar sind.

So können Sie genau Ihre eigentlichen Aufgaben, auf die Sie hinarbeiten, und die genaue Vorgehensweise im Weiteren festlegen.

So machen Sie es sich (organisatorisch) leichter

Eine Erbengemeinschaft kann aus vielen Personen bestehen. Unter Umständen sind sie sogar auf der ganzen Welt verstreut. Nicht selten kommt es bei uns vor, dass wir mit Erben in der Türkei, Dänemark, Italien, Kroatien, den Vereinigten Staaten und vielen weiteren Teilen der Welt zusammenarbeiten. Hier stellt sich dementsprechend jedes Mal die Frage, wie wir für Meetings zusammenkommen und miteinander kommunizieren.

Zwar wäre beispielsweise eine WhatsApp-Gruppe die einfachste Lösung, aber ich finde den Messenger-Dienst für ein berufliches Umfeld wenig geeignet und aus Datenschutzgründen zudem äußerst bedenklich. Deshalb haben wir für unsere Kommunikation eine andere Lösung gefunden: Sie ähnelt zwar einer WhatsApp-Gruppe, ist aber auf professioneller Basis für die gesamte Erbengemeinschaft ausgelegt. Das heißt, unsere Mandanten loggen sich auf einem speziellen Portal ein und finden dort alle Informationen zu ihrem Fall. Das Online-Portal ist exklusiv nur für unsere Kunden und öffentlich unzugänglich (und damit datenschutzkonform).

Die Erben sehen an einem Ort gebündelt, was wir in ihrer Sache unternehmen. Dabei gehen wir nach unserem bewährten Fünf-Phasen-Plan vor:

- Sicherung des Nachlasses,
- Nachlassverzeichnis,
- Nachlassverwaltung,
- Rechtliche Sicherheit,
- Auseinandersetzung und Abschluss.

Wir nehmen die Beteiligten in jeder Phase mit: Sie können unter anderem den Fortschritt der Abwicklung verfolgen, können Belege und Objektfotos einsehen, haben Zugriff auf eventuelle Verkaufsbemühungen einer Immobilie. So kennen alle Beteiligten immer den aktuellen Stand ihres Falls und wissen, an welcher Stelle der Abwicklung wir uns befinden.

Bei einer üblichen Bearbeitung erhalten die Erben das Nachlassverzeichnis per Post. Sie haben dann unter Umständen einen ganzen Stapel Papier vor sich liegen, aber wissen oftmals nicht, was sie damit anfangen sollen. Sie haben zahlreiche Fragen, die sie möglicherweise langwierig per Post untereinander in der Erbengemeinschaft klären wollen. Natürlich geht das heute zum Glück digital schneller. Überlegen Sie sich am besten gleich zu Beginn, wie die Miterben einer Erbengemeinschaft unkompliziert miteinander kommunizieren können. Dafür haben wir Ihnen einige Tools und Anwendungen für den **digitalen Austausch** hier zusammengestellt:

Microsoft Teams

- Funktionen: Gruppenchat, Videokonferenzen, geteilte Dateien, gemeinsame Bearbeitung von Dokumenten.
- Vorteil: Teil von Microsoft 365, ideal für die strukturierte Zusammenarbeit.

Slack

- Funktionen: Themenbezogene Kanäle, Direktnachrichten, Datei-Upload, Integration mit Google Drive, Dropbox und anderen.
- Vorteil: Übersichtliche Kommunikation, sehr gut für Diskussionen in kleineren Gruppen.

Nextcloud ***(selbst gehostet oder als Service)***

- Funktionen: Gemeinsamer Dateiablageort, Kalender, Aufgaben, Chat, Kommentarfunktion.
- Vorteil: DSGVO-konform und ideal für vertrauliche Daten – auch für juristische Zwecke.

Google Workspace ***(zum Beispiel Google Drive, Google Chat, Google Meet)***

- Funktionen: Gemeinsame Dokumentbearbeitung in Echtzeit, Cloud-Speicher, Kommunikation über Meet & Chat.
- Vorteil: Niedrige Einstiegshürden, leicht zu bedienen und ideal für ortsunabhängige Teams.

Trello ***(das habe ich jahrelang benutzt)*** **mit Anbindung an Cloud-Speicher** ***(zum Beispiel Dropbox, Google Drive)***

- Funktionen: Aufgabenverwaltung, Diskussionen pro Karte, Upload und Verlinkung von Dokumenten.
- Vorteil: Visualisierung der Aufgaben und Fortschritte – gut für eine strukturierte Nachlassabwicklung.

Erben müssen nicht mehr tage- oder wochenlang auf Post warten – vor allem nicht im Ausland wohnend. Auch Uhrzeiten spielen keine Rolle mehr. Jeder Erbe kann zu jeder Zeit seinen Wunsch äußern oder Fragen stellen. Ein Rund-um-die-Uhr-Service also. Jenseits des Portals benötigen unsere Mandanten in der Regel keine weiteren Informationsquellen mehr: Sie finden dort alle nötigen Angaben und Updates zu ihrem Fall.

Gedanken zum Mitnehmen

Schaffen Sie Fakten – ob mit oder ohne Hilfe. Sorgen Sie für eine emotionsarme Bestandsaufnahme. Holen Sie sich also, wenn Sie nicht mehr weiterwissen, unbedingt Profis mit an Bord: den Steuerberater, den Immobilienexperten, den Anwalt, den Nachlassexperten. Eine digitale Plattform, die allen Erben zugänglich ist, ist eine gute Basis, um alle Informationen, Dokumente oder Vereinbarungen gebündelt und transparent an einem Ort zusammenzuführen. Damit schafft man Transparenz und Ordnung. Und: Nur so vermeiden Sie Konflikte, die auf unterschiedlichen Wahrnehmungen beruhen.

Kapitel 3

Der Fünf-Phasen-Plan

Wenn viele Fragen gleichzeitig entstehen

Im Prozess des Erbens gibt es einige entscheidende Schritte, von denen alles abhängen kann. Für Fachleute sind sie selbstverständlich, für Laien eher weniger. Einen Weg durch den Nachlassdschungel bietet daher dieser Fünf-Phasen-Plan – er entstand aus der Notwendigkeit heraus, die Schritte rund um das Erben möglichst nachvollziehbar in eine systematische Abfolge zu bringen. Er ist also eine Art Fahrplan, der jeden von uns sicher durch den bürokratischen Dschungel einer Nachlassregelung führt. Dieser Fahrplan hat, wie der Name schon verrät, fünf Etappenziele. Aber zunächst müssen Sie sich eines vor Augen führen: Wer erbt, hat Pflichten, das heißt: Liebe Erben, Sie sind am Zug! Ihre Pflichten als Erbe beginnen mit dem Tod des Erblassers – nicht erst dann, wenn Sie von ihm Kenntnis erhalten. **Als Erbe trägt man ab dem Todeszeitpunkt die Verantwortung!** Allerdings fängt erst ab dem Zeitpunkt der Kenntnis die Frist zur Möglichkeit der Ausschlagung an: Im Inland hat man exakt sechs Wochen Zeit, lebt man im Ausland, wird die Frist der Ausschlagung auf sechs Monate verlängert. Ist die Frist verstrichen, gilt das Erbe automatisch als angenommen – mit allen Rechten und Pflichten.

Haben Sie den Kontakt zu eventuellen Erblassern verloren, gestaltet sich der Erbprozess komplizierter, denn schließlich müssen Sie irgendwie erfahren, dass Sie erben könnten. Ist ein Testament hinterlegt, ist es einfach: Dann werden Sie vom Nachlassgericht über das Erbe informiert – ebenso wie Ihre eventuellen Miterben erhalten Sie eine Benachrichtigung und haben jetzt die Chance, sich mit dem Erbe auseinanderzusetzen. Und das müssen Sie auch, denn die Uhr tickt.

Beantragen Sie unter Umständen einen Erbschein und legen Sie los. Aber Achtung: Liegt ein notarielles Testament vor, brauchen Sie den Erbschein möglicherweise nicht. Und wie weiter vorn bereits dargelegt, müssen Sie ein privatschriftliches Testament erst beim Nachlassgericht abliefern. Nur dann oder falls die gesetzliche Erbfolge eintritt, ist ein Erbschein notwendig. Bei kleinen Vermögen und einer klaren Erbfolge könnte ein Erbschein auch entbehrlich sein. Ist kein Grundvermögen vorhanden, sprechen Sie mit der Bank. Verzichtet diese auf den Erbschein, könnte es einfach werden. Also bitte nicht grundsätzlich den

Erbschein beantragen – dieser kostet schließlich Geld. Wie Sie im Einzelnen dabei vorgehen sollten, zeigt der Fünf-Phasen-Plan.

Gibt es kein Testament und Sie erfahren über Umwege vom Tod eines Verwandten, den Sie beerben könnten, müssen Sie ebenfalls aktiv werden. Denn wenn Sie als Erbe nichts unternehmen, gilt die Erbschaft als angenommen und Sie haften grundsätzlich mit Ihrem eigenen Vermögen etwa für Schulden oder noch offenstehende Forderungen.

Ein Beispiel aus der Praxis

Nach dem Tod von Max M. setzen sich seine vier Kinder für die Nachlassregelung zusammen. Neben einem etwas in die Jahre gekommenen Haus geht es auch um ordentliche Geldbeträge auf diversen Konten. Ohne genaue Prüfung oder Abstimmung nehmen die Erben die Sparbücher an sich, heben Beträge ab und lösen Konten auf. Das Guthaben wird dabei partiell schon untereinander aufgeteilt und schnell für persönliche Zwecke ausgegeben. Doch schon nach wenigen Monaten tauchen die ersten Probleme auf: Gläubiger melden sich und erheben Anspruch auf den Nachlass von Max M. Denn er hatte noch offene Kredite, von denen seine Erben nichts wissen. Zu allem Übel wird dann auch noch festgestellt, dass die geerbte Immobilie erhebliche Mängel aufweist: Probleme mit Grundwasser im Keller und die veraltete Heizungsanlage muss ebenfalls dringend ausgetauscht werden – alles kostspielige Maßnahmen, die die Erben nicht auf der Rechnung hatten.

Leider haben zwei Erben ihre erhaltenen Geldbeträge bereits ausgegeben und können somit die später entdeckten Kosten nicht mehr mittragen – fatal und prekär. Denn das Gesetz sieht vor, dass alle Erben so lange gemeinsam haften, bis der Nachlass vollständig auseinandergesetzt, also geregelt ist. Und ist er auseinandergesetzt, aber noch Forderungen offen, haften die Erben jeweils mit ihrem Erbteil. Das bedeutet, dass auch jene, die ihren Anteil nicht voreilig ausgegeben hatten, für die Ausgaben oder Schulden der anderen Erben zunächst mithaften müssen. Diese Situation führt nicht nur zu einer eventuell ungerecht verteilten finanziellen Belastung, sondern auch zu Spannungen innerhalb der Erbengemeinschaft. Konflikte dieser Art sind vermeidbar – aber wie? Auch hier hilft der Fünf-Phasen-Plan.

Der Fünf-Phasen-Plan im Überblick

1. Phase – Alles auf den Tisch
Was gehört zum Nachlass? Werden Sie zum Detektiv und entdecken alles, was zum Erbe gehört. Auch die negativen Posten. Erbe ich allein? Habe ich gleichberechtigte Miterben?

2. Phase – Ordnung schaffen
Was gehört zum Erbe? Listen Sie alles auf und sorgen so für Transparenz.

3. Phase – Nachlassverwaltung
Wer kümmert sich um was?

4. Phase – Rechtliche Sicherheit
Die Erbberechtigten schließen einen Vertrag über die Auseinandersetzung.

5. Phase – Auszahlung und Abschluss
Das Erbe fair und rechtssicher regeln. Ende gut, alles gut?

Gedanken zum Mitnehmen

Gehen Sie systematisch vor – und das bitte gleich, sobald Sie von einem Erbe erfahren haben. Denken Sie daran, dass Sie als Erbe bereits ab dem Zeitpunkt des Erbfalls, also dem Tod des Erblassers, in der Pflicht sind – auch wenn Sie vom Erbfall noch keine Kenntnis hatten. Ab Kenntnis über Ihre Erbenstellung müssen Sie aktiv werden und innerhalb von sechs Wochen (sechs Monate, wenn wohnhaft im Ausland) entscheiden, was mit dem Erbe geschehen soll. Die ersten Schritte sind die schwersten – sind die aber erst einmal getan, hilft Ihnen bei allen weiteren Entscheidungen der Fünf-Phasen-Plan.

1. Phase – Alles auf den Tisch:
Was gehört alles zum Nachlass?

In dieser ersten Phase werden Sie zum Detektiv oder Ermittler. Für mich ist sie am wichtigsten, denn hier legen Sie das Fundament für alle weiteren Schritte. Rechnen Sie damit, dass Sie für dieses Fundament drei bis sechs Monate brauchen werden – je nachdem, wie umfangreich der Nachlass ist. Sie beginnen also im Wesentlichen erst einmal mit gründlicher und ausgiebiger Recherche, sammeln die Fakten zusammen. Dabei müssen die folgenden Fragen geklärt werden:

- Wie setzt sich das Vermögen der verstorbenen Person zusammen?
- Gehören dazu Immobilien, Fahrzeuge, Schmuck oder Wertpapiere?
- Gibt es Schulden? Und falls ja: Ist der Nachlass womöglich überschuldet?
- Wer sind die potenziellen Erben?
- Wo ist das Barvermögen angelegt?
- Welche laufenden Verträge gibt es und welche müssen beachtet werden?
- Welche Verträge müssen gekündigt werden? …

Die Antworten auf diese Fragen entscheiden über den gesamten Verlauf der Nachlassabwicklung. Wer also die sorgsame Recherche der Fakten ausspart, riskiert, dass alle Bemühungen am Ende im Sand verlaufen.

Ich kann nicht zu oft betonen, wie wichtig es ist, dass Sie sich an dieser Stelle Zeit für gründliche Ermittlungen nehmen – ich sehe hierfür immer ein Zeitfenster von circa drei Monaten vor. Auch das Gesetz sieht diesen Zeitraum als angemessen und notwendig an, der Gesetzgeber hat daher eine Dreimonatseinrede gemäß § 2014 BGB festgelegt. Laut dieser hat der Erbe die Möglichkeit, innerhalb von drei Monaten nach Kenntnis vom Erbfall und der Erbenstellung der Erbschaft oder nach Ablauf der Ausschlagungsfrist Ermittlungen über den Bestand des Nachlasses anzustellen, ohne sofort für Nachlassverbindlichkeiten haften zu müssen. Achtung: Die Einrede muss der Erbe gegenüber dem Gläubiger geltend machen, während dieser Zeit kann der Erbe also die

Befriedigung des Nachlassgläubigers verweigern, solange er sich noch keinen Überblick verschafft hat. Im Folgenden ein Musterschreiben für einen solchen Fall an die Gläubiger:

Muster Dreimonatseinrede

Sehr geehrte Damen und Herren,

ich habe am [Datum einfügen] vom Tod des Erblassers/der Erblasserin (Name, Geburtsdatum, Sterbedatum) und meiner Erbenstellung erfahren und damit Kenntnis vom Erbanfall erlangt.

Nach § 2014 BGB mache ich hiermit fristgerecht die sogenannte Dreimonatseinrede geltend.

Ich habe derzeit noch keinen Überblick über den Nachlass. Bitte sehen Sie daher vorerst von weiteren Forderungen oder Zahlungsaufforderungen ab.

Sobald mir eine vollständige Übersicht über den Nachlass vorliegt, werde ich unaufgefordert auf Sie zukommen.

Mit freundlichen Grüßen

[Unterschrift]
[Name des Antragstellers/Erben]

Erinnern Sie sich noch an den Fall von Max M.? In dem seine Kinder, seine Erben, ohne Faktenprüfung die Konten »geplündert« hatten? Wie hätten die Erben stattdessen vorgehen sollen/müssen?

Schritt für Schritt durch die 1. Phase

Legitimationsnachweis

Ein erster Schritt, bevor es zur Sache geht: der sogenannte Legitimationsnachweis. Diesen brauchen alle Erben immer bei offiziellen Auskünften. Sie müssen also zunächst prüfen, wer alles zum Kreis der Erben gehört. Liegt ein notarielles Testament vor, ist er meist einfach zu bestimmen. Sie können sich unter Vorlage des Testaments ausweisen. Bei einem handschriftlichen Testament wird das allerdings häufig schwieriger, insbesondere bei einem Immobilienverkauf. Denn gerade ein Grundbuchamt verlangt strenge Nachweise. Warum? Alles, was hier eingetragen ist, gilt als richtig und verlässlich, da das Grundbuchamt den sogenannten öffentlichen Glauben genießt. Wer also eine Immobilie veräußern möchte, muss die Erbfolge in der vom Gesetz vorgesehenen Form nachweisen. Einfache Unterlagen, private Schriftstücke oder bloße Vollmachten reichen hierfür nicht aus. Vielmehr ist in der Regel ein Erbschein oder ein notarielles Testament mit klarer Erbfolge erforderlich, um die Erbfolge im Sinne des § 35 GBO zu belegen.

Auch zahlreiche Banken verlangen trotz eines handschriftlichen Testaments die Vorlage eines Erbscheins, um Ihnen Zugang zu Konten zu gewähren. Hierzu liegt zwar bereits eine BGH-Entscheidung vor, dass die Bank beim Vorliegen eines handschriftlichen Testaments nicht grundsätzlich den Erbschein verlangen kann. Aber stehen Sie mal vor dem Bankberater und winken mit der BGH-Entscheidung – da hilft doch meist nur ein strenges Anwaltsschreiben.

Auch als gesetzliche Erben brauchen Sie häufig einen Erbschein. Immer wenn Immobilien im Spiel sind, brauchen Sie ein notarielles Testament oder einen Erbschein. In anderen Fällen sprechen Sie mit der Bank, dann entscheiden Sie, was Ihnen hilft, um schneller ans Ziel zu kommen. Beantragen können Sie diesen – unter Vorlage weiterer Nachweise wie Abstammungsurkunden, Geburts- und Sterbeurkunden oder eben Testamenten – zur Niederschrift vor dem Amtsgericht oder bei einem Notar Ihrer Wahl. Von dort wird der Antrag an das zuständige Nachlassgericht zur Prüfung weitergeleitet.

Haben Sie das Protokoll des Nachlassgerichts zur Testamentseröffnung, den Erbschein vorliegen oder das Schreiben des Amtsgerichts über Ihre Erbenstellung (das Amtsgericht informiert die Erben häufig mit dieser Formulierung: »Sie kommen als Erbe in Betracht«), kann die Detektivarbeit beginnen. Nehmen Sie sich zunächst die **Bankunterlagen** vor und klären Sie, wo sich die Konten des Erblassers befinden. Wenn Sie keine Kenntnisse darüber haben, wo der Erblasser seine Konten hatte, fragen Sie dazu als Erstes in den Banken vor Ort und rund um den Wohnsitz der verstorbenen Person nach. Berücksichtigen Sie dabei auch Banken früherer Wohnorte. Und zögern Sie nicht, bei den Bankangestellten um Hilfe zu bitten. Um unbekannte Bankkonten eines Verstorbenen aufzuspüren, können Sie sich auch an die jeweiligen Bankenverbände wenden, die spezielle Nachforschungsverfahren anbieten. Die zentralen Anlaufstellen dafür sind:

1. **Bundesverband deutscher Banken (BdB) – für Privatbanken**
   Kontakt: Bundesverband deutscher Banken e. V., Burgstraße 28, 10178 Berlin, nachforschung@bdb.de
   Hinweis: Legen Sie Ihrem Antrag eine Kopie des Erbscheins oder des eröffneten Testaments bei, um Ihre Berechtigung nachzuweisen.

2. **Deutscher Sparkassen- und Giroverband (DSGV) – für Sparkassen**
   Kontakt: nachforschung@dsgv.de
   Hinweis: Ihre Anfrage wird an den Regionalverband des letzten Wohnsitzes des Erblassers weitergeleitet, der dann nach Konten sucht.

3. **Bundesverband der Deutschen Volksbanken und Raiffeisenbanken (BVR) – für Genossenschaftsbanken**
   Kontakt: Bundesverband der Deutschen Volksbanken und Raiffeisenbanken e. V., Schellingstraße 4, 10785 Berlin
   Hinweis: Das Nachforschungsverfahren wird in der Regel auf den letzten Wohnsitz des Erblassers oder das Bundesland begrenzt, in dem die Konten vermutet werden.

Außerdem sollten Sie die Kosten bedenken, die je nach Verband und Umfang der Nachforschung für diesen Recherscheschritt anfallen können: Erkundigen Sie sich immer im Vorfeld über mögliche Gebühren. Beachten Sie dabei auch die regionalen Zuständigkeiten, denn einige Verbände könnten Ihre Anfrage an regionale Unterverbände weiterleiten, insbesondere wenn der Erblasser in verschiedenen Bundesländern Konten hatte. Dieses Verfahren ergibt in der Regel nur bei inländischen Konten Sinn. Bei Vermögenswerten im Ausland sollten Sie die entsprechenden ausländischen Bankenverbände kontaktieren.

Tipp: Haben Sie die Geldinstitute des Erblassers ausfindig gemacht, dann zeigen Sie den Todesfall an, widerrufen Sie hinterlegte Vollmachten soweit diese nicht weiter gelten sollen und lassen Sie sich die Namen derer geben, die bislang Zugang zum Konto hatten. Erfragen Sie außerdem weitere Verträge, zum Beispiel über Schließfächer, Versicherungen oder Depots, die mit der Bank selbst geschlossen wurden.

Sie sollten nur eines auf gar keinen Fall tun – und hier spreche ich aus persönlicher Erfahrung: das Konto eines Erblassers voreilig sperren. Zu Beginn meiner Tätigkeit als Nachlasspflegerin übertrug mir ein Amtsgericht einen Fall, bei dem nicht gleich klar war, ob hier Vermögen im Spiel war oder nicht. Mit einem Standardscheiben wies ich die Bank an, die betreffenden Konten zu sperren und Lastschriften (auch rückwirkend) zu widerrufen. Etwa zwei Wochen später brach das Chaos aus: Notwendige Zahlungen konnten von den Konten nicht mehr abgebucht werden und es dauerte Wochen, bis wir alles wieder eingerichtet hatten. Wichtig zu wissen: Lastschriften können bis sechs Wochen nach Abbuchung noch zurückgefordert werden. Verschaffen Sie sich also erst einen Überblick über die noch laufenden Kosten, bevor Sie Entscheidungen treffen.

Banken sind beim Thema Erben oftmals sperrig. Sie berufen sich dann gern auf das Bankgeheimnis und verlangen, dass sich alle Erben ausweisen, bevor sie Auskünfte erteilen. Jedoch gibt es selbst bei Vorlage aller erforderlichen Dokumente keine Garantie für eine sofortige Antwort. In Erbangelegenheiten arbeiten Banken häufig eine interne Checkliste ab – was die Angelegenheit in die Länge zieht.

Mein Tipp an dieser Stelle: Arbeiten Sie in der Erbengemeinschaft eng zusammen, stimmen Sie sich schnell untereinander ab. Ansonsten kann es Monate dauern, bis der Zugang zu Konten und Vermögenswerten gewährt wird, was verständlicherweise zu Nervosität und Konflikten führen kann.

In der Regel benötigen Banken einen Erbnachweis, also ein Testament oder einen Erbschein. Liegt ein Testament vor, ist eine beglaubigte Abschrift der Eröffnungsniederschrift samt Testament hilfreich, auch wenn laut einer Entscheidung des BGH bei eindeutig bewiesener Erbfolge nicht immer ein Erbschein gefordert werden darf. Dennoch bestehen viele Banken darauf. Manchmal hilft es hier, die Bank energisch aufzufordern und die BGH-Entscheidung sowie die notwendigen Urkunden vorzulegen. Machen Sie am besten direkt einen Termin mit dem Bankberater aus und fordern Sie eine Liste der erforderlichen Unterlagen an. Dazu gehören normalerweise

- die Sterbeurkunde,
- die beglaubigte Abschrift der Eröffnungsniederschrift samt Testament sowie
- die bestätigten Ausweise aller Erben. Eine Bestätigung kann die Hausbank des jeweiligen Erben auf einer Kopie ausstellen. Dazu nehmen Sie Ihren Ausweis mit zu Ihrer Hausbank, bitten um eine Kopie und um die Bestätigung dieser Kopie auf Echtheit.

Wenn möglich, sollten alle Erben persönlich in der Bank erscheinen oder einen Bevollmächtigten benennen. Für Erben, die weiter weg wohnen, sollte man auf einen Legitimationslink bestehen, um die Identifikation online durchzuführen. Es ist jedoch nicht ratsam, sich auf einen schnellen Zugriff durch die Bank zu verlassen.

Besonders knifflig wird es, wenn ein Erbe im Ausland lebt. In solchen Fällen kann die Bank den Zugriff auf die Konten verweigern, bis das Finanzamt eine Unbedenklichkeitsbescheinigung ausgestellt hat, was eine zusätzliche Hürde darstellt. Dann müssen die Erben mit den wenigen Informationen, die ihnen vorliegen, eine Erbschaftsteuererklärung abgeben. Interessanterweise sind die Banken verpflichtet, dem Finanzamt am Todestag die Kontostände mitzuteilen. Darauf könnte man in der Steuererklärung verweisen, falls die Bank die Auskunft verweigert hat.

Ein besonderes Problem stellen Schließfächer dar. Solange nicht alle Vollmachten und Nachweise vorliegen, wird die Bank den Zugang nicht gewähren. Schließfächer können Überraschungen bergen, von Bargeld bis hin zu Edelmetallen im Wert von Hunderttausenden Euro. Da allerdings niemand den Inhalt kennt, ist hier Vorsicht geboten.

Liegt alles vor und Sie haben Zugang zum Schließfach, dann gehen Sie bitte auf keinen Fall allein hin, sondern nehmen zwei oder drei Erben als Zeugen mit. *Wichtig:* Dokumentieren Sie den Inhalt. So vermeiden Sie eventuelle Streitigkeiten.

Im Folgenden habe ich ein entsprechendes Musterschreiben an eine Bank in Sachen Erbschaftsanliegen vorbereitet:

Muster Bekanntgabeschreiben Bank

[Anschrift des Bankinstituts]

[Datum]

Betreff: Nachlassangelegenheit – [Name des Verstorbenen], verstorben am [Todestag]

Sehr geehrte Damen und Herren,

ich wende mich als Erbe des Nachlasses von [Name des Verstorbenen] an Sie. Als Nachweis meiner Berechtigung lege ich diesem Schreiben eine Kopie des [Erbscheins/Testaments mit Eröffnungsprotokoll] bei.

1. Widerruf von Vollmachten:
Ich widerrufe hiermit alle von [Name des Verstorbenen] erteilten Vollmachten, die bei Ihnen hinterlegt sind. Bitte bestätigen Sie mir schriftlich, dass diese Vollmachten gelöscht wurden. Bitte benennen Sie mir dabei auch den Namen und die Anschrift der/des Bevollmächtigten.

2. Löschung von Daueraufträgen:
Bitte löschen Sie alle laufenden Daueraufträge und informieren Sie mich schriftlich über die abgeschlossenen Maßnahmen.

3. Saldenbestätigung:
Ich bitte Sie, mir eine Saldenbestätigung für alle Konten und Depots zum Todestag von [Name des Verstorbenen] zukommen zu lassen.

4. Prüfung weiterer Verträge:
Ich ersuche um Auskunft darüber, ob weitere Verträge oder Vermögenswerte bestehen, darunter:

- Lebensversicherungen
- Schließfächer
- Wertpapierdepots
- Verträge zugunsten Dritter

5. Kontoauszüge:
Bitte senden Sie mir die vollständigen Kontoauszüge der letzten 12 Monate vor dem Todestag von [Name des Verstorbenen] zu. Nach Sichtung dieser Auszüge werde ich gesondert entscheiden, welche Lastschriften widerrufen werden sollen.

Ich bitte um eine zügige Bearbeitung. Für Rückfragen stehe ich Ihnen selbstverständlich zur Verfügung.

Mit freundlichen Grüßen

[Unterschrift]
[Name des Erben]

Anlagen:
- Kopie des Erbscheins oder Testaments mit Eröffnungsniederschrift
- (Falls vorhanden: Sterbeurkunde)
- (Falls vorhanden: Vollmacht der anderen Erben und bankbestätigte Kopie des Ausweises)

Als Nächstes stehen die **Kontoauszüge** auf dem Plan. Schauen Sie diese genau durch und markieren Sie alle Buchungen, die Hinweise auf laufende Verträge oder weiteres Vermögen liefern könnten. Mein Tipp dabei: Gehen Sie in Ihrer Recherche zum Zahlungsverkehr mindestens zwölf Monate zurück. Denn manche Zahlungen und Buchungen erfolgen nur einmal pro Jahr. Sie könnten also unter Umständen in den aktuellen Kontoauszügen gar nicht auftauchen und würden sonst durch das Raster fallen.

Viele Posten erklären sich dabei von selbst. So wird eine Lastschrift der Telekom wohl einen Telefon- oder Internetanschluss als Vertragsgrundlage haben. Bei uneindeutigen Einträgen müssten Sie aber tiefer graben und klären, ob es sich um

- ein Vertragsverhältnis,
- ein privates Darlehen oder
- eine andere bislang unbekannte Verpflichtung handelt.

Ein Beispiel aus der Praxis

Bei einem unserer Fälle merkten wir nach der Sichtung der Kontoauszüge, dass der Erblasser über einen gewissen Zeitraum erhebliche Barbeträge von seinem Konto abgehoben hatte. Alles in allem belief sich der ungeklärte Betrag auf beachtliche circa 60 000 Euro. Einnahmen im selben Rahmen waren aber parallel nicht zu verzeichnen. Was war also mit dem Geld geschehen?

Unsere Erfahrung besagt, dass Barabhebungen oft auf Goldanlagen, einen Autokauf, auf Schenkungen oder Bargeldverstecke in einem Haus oder Schließfach hinweisen können. Auch hier vermuteten wir daher zunächst einen Goldankauf, verlassen durften wir uns auf diese Vermutung allein aber nicht, also durchsuchten wir das Haus des Erblassers noch einmal gründlich und fanden nach etwa fünf Stunden in einem Versteck eine Summe von 120 000 Euro in bar.

Hätten wir nicht gezielt die Kontoauszüge auch Jahre vor dem Todestag gesichtet und danach gesucht, hätten wir das Geld vermutlich nie entdeckt. Da wir aber aus den Kontobewegungen wussten, dass irgendwo etwas »versteckt« sein musste, verschoben wir jedes einzelne Möbelstück und durchsuchten wirklich alle Schubladen.

Überprüfen Sie also die Kontoauszüge aufs Genaueste und forschen Sie so lange nach, bis alle Ungereimtheiten aufgeklärt sind. Denn kluge Entscheidungen können nur aus einer absoluten Gewissheit um die Fakten folgen. Und damit Sie auch ganz sicher nichts auslassen und alles in der richtigen Reihenfolge angehen, können Sie die folgende Checkliste zu Bankkonten und Finanzanlagen nutzen:

Checkliste Konto & Co.

1. **Überblick verschaffen**

   Bankverbindungen des Erblassers ermitteln
   - Bankunterlagen (Kontoauszüge, Briefe) prüfen
   - Bankenverbände fragen, ob unbekannte Konten existieren
   - Onlinebanking-Zugang prüfen (gegebenenfalls sperren lassen)

   Legitimationsnachweis für die Berechtigung
   - Erbschein oder eröffnetes Testament mit Eröffnungsprotokoll bei der Bank vorlegen
   - Sterbeurkunde als Nachweis des Todesfalls einreichen

   Kontensperrung
   - Banken bitten, die Konten vorübergehend zu sperren, um unberechtigte Verfügungen zu verhindern
   - *Achtung:* Bei sehr vermögenden Nachlässen kann dadurch Chaos ausbrechen. Sorgen Sie dafür, dass laufende Kosten weiterhin fließen, um Mahngebühren, Sperrungen und sonstige Verfahren zu vermeiden.

2. **Informationen von der Bank einholen**

   Saldenbestätigung
   - Salden der Konten zum Todestag schriftlich bestätigen lassen (Kontoauszüge und Bestandslisten)

   Verträge und Vermögenswerte
   - prüfen, ob Lebensversicherungen, Sparbücher, Depots, Festgeldanlagen oder Schließfächer vorhanden sind
   - klären, ob Verträge zugunsten Dritter (zum Beispiel bei Lebensversicherungen) existieren

Nachforschung zu Lastschriften und Daueraufträgen

- Übersicht über alle Daueraufträge und Lastschriften anfordern
- prüfen, welche Zahlungen weiterhin nötig sind (zum Beispiel Strom, Miete) und welche gekündigt werden können

3. Konten und Zahlungen verwalten

Widerruf von Vollmachten

- alle zu Lebzeiten erteilten Kontovollmachten des Erblassers widerrufen

Sicherstellung laufender Zahlungen

- prüfen, ob laufende Zahlungen (zum Beispiel Versicherungen, Steuern) weiterhin erfolgen müssen
- nicht mehr benötigte Daueraufträge und Einzugsermächtigungen kündigen

Einrichtung eines Nachlasskontos

- falls mehrere Erben beteiligt sind: ein Nachlasskonto einrichten, um alle finanziellen Transaktionen transparent zu machen

Kündigung von Festgeldanlagen

- über Kündigungsfristen und mögliche Vorfälligkeitszinsen informieren
- *Hinweis:* Festgeldkonten können oft nur mit einer Frist gekündigt werden

Zinsen und Abschlüsse

- klären, ob bereits Zinsen aufgelaufen sind und ob steuerliche Verpflichtungen bestehen

4. Wertpapierdepots

Übersicht anfordern

- um eine detaillierte Aufstellung der Depotwerte (inklusive Aktien, Fonds, Anleihen) bitten

Verfügbarkeit prüfen

- Manche Wertpapiere können nicht sofort verkauft werden (zum Beispiel bei Sperrfristen).
- prüfen, ob Verkäufe sinnvoll sind oder das Depot in den Nachlass übertragen werden soll

Steuerliche Aspekte

- Kapitalertragsteuer und Abgeltungsteuer klären – steuerliche Beratung in Anspruch nehmen

5. **Schließfächer**

Existenz eines Schließfachs klären

- Banken fragen, ob der Erblasser ein Schließfach unterhielt

Inhalt prüfen

- Schließfach nur in Anwesenheit eines Zeugen oder (bei sehr streitigen Nachlassfällen unter Anwesenheit eines Notars) öffnen
- Inhalt vollständig (am besten schriftlich und fotografisch) dokumentieren

6. **Steuerliche Aspekte**

Erbschaftsteuer

- von den Banken eine Übersicht aller Vermögenswerte zum Todestag ausstellen lassen (zur Vorlage beim Finanzamt).

Kapitalertragsteuer

- prüfen, ob Abgeltungsteuer für Zinsen oder Wertpapiergewinne gezahlt werden muss

7. **Kündigung und Auflösung von Konten**

Kontoauflösung

- vor der Kündigung klären, ob alle Transaktionen abgeschlossen sind
- um ein abschließendes Schreiben mit dem Endsaldo und der Bestätigung der Kontoauflösung bitten

Fristen beachten

- *Hinweis:* Festgeld- und Sparkonten haben oft Kündigungsfristen.
- Bedingungen erläutern lassen

Gemeinschaftskonten

- bei Gemeinschaftskonten prüfen, ob eine Mitberechtigung erloschen ist und wie die Konten aufgelöst werden können

8. **Nachlassverwaltung bei mehreren Erben**

Nachlasskonten einrichten

- alle Gelder aus dem Nachlass (zum Beispiel aufgelöste Konten, Depots) auf ein gemeinsames Nachlasskonto überweisen

Transparenz schaffen

- alle Kontobewegungen und Entscheidungen schriftlich festhalten, um Streitigkeiten in der Erbengemeinschaft zu vermeiden

9. Zusätzliche Hinweise und Vorsicht

Keine übereilten Entscheidungen treffen

- alle Verträge, Konten und Vermögenswerte sorgfältig prüfen, bevor Entscheidungen fallen

Rechts- und Steuerberatung

- einen Anwalt oder Steuerberater hinzuziehen, insbesondere bei komplexen Vermögensstrukturen

Nachweis der Berechtigung

- immer Nachweise über Ihre Berechtigung als Erbe bei sich führen, wenn Sie Bankgeschäfte regeln

Verträge zu Gunsten Dritter

- prüfen Sie Widerrufsmöglichkeiten

Mit dieser Checkliste sind Sie auf der sicheren Seite und behalten die Übersicht über alle Aspekte rund um Bankkonten und Finanzanlagen im Nachlass. Sie hilft, rechtliche und finanzielle Fallstricke zu vermeiden und den Nachlass professionell abzuwickeln.

Immobilien & Co.

Für Immobilien gilt das Gleiche wie für die Bankunterlagen eines Verstorbenen. Besaß der Erblasser Immobilien, so sollten Sie seine Grundbuchauszüge einholen und diese auf Darlehen, Hypotheken oder Grundschulden sowie weitere mögliche Verpflichtungen prüfen.

Der Grundbuchauszug

Einen Grundbuchauszug bekommt man beim zuständigen Grundbuchamt. Recherchieren Sie also, welches Grundbuchamt in Ihrem Fall zuständig ist, und fordern Sie eine Abschrift, also eine Kopie der Grundbucheintragungen an. Aufgrund einer Reform wurden Grundbuchämter zusammengelegt und sind zwischenzeitlich gebündelt nur für Grundbuchsachen zuständig. Ein Grundbuchauszug kostet in der Regel circa 12 bis 20 Euro. Das zuständige Grundbuchamt ist immer dem Amtsgericht zugeordnet, in dessen Bezirk das betreffende Grundstück liegt.

So können Sie das zuständige Grundbuchamt ermitteln:

1. **Grundstücksadresse prüfen**
   Notieren Sie die genaue Adresse des Grundstücks (Straße, Hausnummer, Ort) oder – falls bekannt – die Flurstücknummer und den Grundbuchbezirk.

2. **Online-Recherche**
   Besuchen Sie die Website des Amtsgerichts in der Region des Grundstücks. Die meisten Amtsgerichte bieten Informationen zu den Zuständigkeiten ihres Grundbuchamts. Alternativ können Sie auf Landesportale zugreifen, die die Zuständigkeiten zentral verwalten (zum Beispiel Justizportale der Bundesländer wie justiz.de oder offizielle Seiten der Amtsgerichte in Ihrer Region).

3. **Anfrage bei der Stadtverwaltung oder Gemeinde**
   Die jeweilige Gemeinde oder Stadtverwaltung des Grundstücksstandorts kann Ihnen ebenfalls das zuständige Grundbuchamt nennen, da sie regelmäßig mit diesen zusammenarbeiten.

4. **Telefonische Kontaktaufnahme**
   Rufen Sie das Amtsgericht am Ort des Grundstücks an und erfragen Sie so die Zuständigkeit. Ein kurzer Anruf reicht oftmals für die gewünschte Information aus.

Mit diesem Vorgehen können Sie sicherstellen, dass Sie das korrekte Grundbuchamt kontaktieren, um die gewünschte Abschrift des Grundbuchauszugs zu erhalten. Das folgende Musterschreiben an ein Amtsgericht beziehungsweise Grundbuchamt zur Beantragung eines Grundbuchauszugs hilft Ihnen zudem dabei, Ihr Anliegen korrekt zu formulieren:

Muster Grundbuchauszug anfordern

An das

Amtsgericht [Ort]
- Grundbuchamt -
[Adresse des Amtsgerichts]
[PLZ Ort]

[Datum]

Betreff: Beantragung eines Grundbuchauszugs für das Grundstück [Adresse/ Flurstücknummer] im Nachlass von [Name des Verstorbenen]

Sehr geehrte Damen und Herren,

ich wende mich an Sie als Erbe im Nachlass von [Name des Verstorbenen, Geburtsdatum], der am [Todestag] verstorben ist. Als Nachweis meiner Berechtigung lege ich eine Kopie des [Erbscheins/Testaments mit Eröffnungsniederschrift] sowie der Sterbeurkunde bei.

Ich bitte höflich um die Übersendung eines aktuellen Grundbuchauszugs für das Grundstück:

- Adresse des Grundstücks: [zum Beispiel Musterstraße 1, 12345 Musterstadt]
- Flurstück/Grundbuchbezirk: [sofern bekannt, zum Beispiel Flurstück 1234, Grundbuchbezirk Musterstadt, Blatt-Nr. 5678]

Der Grundbuchauszug wird benötigt, um den Nachlass vollständig zu prüfen und weitere Schritte einzuleiten.

Falls Kosten für die Erstellung und Übersendung des Auszugs anfallen, bitte ich um Information über die Gebühren sowie die Kontodaten für eine entsprechende Überweisung.

Ich danke Ihnen für Ihre Unterstützung und bitte um eine zeitnahe Bearbeitung. Für Rückfragen stehe ich Ihnen gerne zur Verfügung.

Mit freundlichen Grüßen

[Unterschrift]
[Name des Antragstellers/Erben]

Anlagen:

- Kopie des Erbscheins oder Testaments mit Eröffnungsniederschrift
- Kopie der Sterbeurkunde

Seien Sie sich bewusst, dass zusätzliche Posten auf einem Grundbuchauszug für einen Laien nicht immer transparent sind. So lässt sich zum Beispiel nicht auf Anhieb erkennen, dass mit der Übertragung einer Immobilie an einen Erben weitere Verpflichtungen verbunden sein können, wie die Auszahlung einer Leibrente. Lassen Sie sich also im Falle einer Unklarheit vom Grundbuchamt zudem eine sogenannte Eintragungsbewilligung übersenden.

Die Eintragungsbewilligung

Mit diesem Begriff bezeichnet man die Zustimmung eines Berechtigten (zum Beispiel des Eigentümers) zur Eintragung eines Rechts im Grundbuch. Ihr liegt meistens ein Vertrag zugrunde wie beispielsweise eine Schenkung, ein Kaufvertrag, ein Übertragungsvertrag, ein Darlehensvertrag et cetera, der der Einwilligungsbewilligung beiliegt. Wenn also im Grundbuch etwa eine Leibrente eingetragen ist, können Sie aus dem dazugehörigen Vertrag die Details der Vereinbarung erkennen: wie lange die Leibrente gezahlt werden muss, wer sie zu bezahlen hat, in welcher Höhe und so weiter.

Das folgende Musterschreiben an ein Amtsgericht beziehungsweise Grundbuchamt zur Anforderung der Eintragungsbewilligung kann Ihnen bei der Formulierung Ihrer Anfrage helfen:

Muster Anforderung einer Eintragungsbewilligung

[Ihr Name]

[Adresse]
[PLZ Ort]
[Telefonnummer/E-Mail]

An das

Amtsgericht [Ort]
- Grundbuchamt -
[Adresse des Amtsgerichts]
[PLZ Ort]

[Datum]

Betreff: Anfrage zur Übersendung der Eintragungsbewilligung für ein dingliches Recht im Grundbuch [Grundbuchbezirk/Blatt-Nr.]

Sehr geehrte Damen und Herren,

ich wende mich an Sie im Zusammenhang mit einem im Grundbuch eingetragenen dinglichen Recht. Das Recht ist im Grundbuch des Grundstücks [Adresse des Grundstücks oder Grundbuchbezirk und Blatt-Nr.] eingetragen.

Um meine Rechte und mögliche Verpflichtungen prüfen zu können, bitte ich höflich um die Übersendung der zugehörigen Eintragungsbewilligung. Diese ist notwendig, um den genauen Inhalt und Umfang des dinglichen Rechts nachvollziehen zu können.

Falls hierfür Gebühren anfallen, bitte ich um Information über die anfallenden Kosten und die entsprechenden Zahlungsmodalitäten.

Ich danke Ihnen für Ihre Unterstützung und bitte um eine zeitnahe Bearbeitung. Für Rückfragen stehe ich Ihnen selbstverständlich gerne zur Verfügung.

Mit freundlichen Grüßen

[Unterschrift]
[Name des Antragstellers]

Anlagen:

- Kopie eines Nachweises zur Berechtigung (zum Beispiel Erbschein oder Grundbuchauszug, falls erforderlich)
- gegebenenfalls weitere relevante Unterlagen

Haben Sie dennoch Zweifel oder wollen ganz auf Nummer sicher gehen, so sollten Sie sich unbedingt professionellen Rat holen. Denn Eintragungen im Grundbuch können Erben stark belasten und in ihrer Verfügungsmöglichkeit enorm einschränken. Ganz zu schweigen davon, dass solche Eintragungen fast immer mit einer Wertminderung für die Immobilie einhergehen.

Bei Immobilien ist meiner Meinung nach grundsätzlich Vorsicht geboten: Eine Immobilie zu erben, heißt nicht immer, eine Immobilie zu besitzen und darüber frei verfügen zu können. Denn es könnte genauso gut sein, dass ein Erbe nur das Erbbaurecht an einer Immobilie erhält.

Das Erbbaurecht

Ein Erbbaurecht erlaubt einer Person, auf einem Grundstück, das jemand anderem gehört, zu bauen oder ein Gebäude zu besitzen. Der Eigentümer des Grundstücks bleibt der Besitzer des »Bodens«. Derjenige aber, der das Erbbaurecht hat, darf das Grundstück für eine bestimmte Zeit nutzen, meist für 50 bis 99 Jahre. Dafür zahlt der Erbbauberechtigte oft einen jährlichen Betrag, den sogenannten Erbbauzins, an den Grundstückseigentümer. Nach Ablauf des Vertrags geht das Gebäude eventuell gegen Entschädigung in das Eigentum des Grundstücksbesitzers über, sofern keine Verlängerung vereinbart wird. Das Erbbaurecht ist im Grundbuch eingetragen und kann verkauft oder vererbt werden, ähnlich wie ein Grundstück. Es wird häufig genutzt, um den Kaufpreis für Grundstücke zu sparen, besonders bei großen Projekten wie Wohnsiedlungen oder Gewerbeflächen.

Mit einem Erbbaurecht könnte ein Erbe also die Immobilie besitzen, jedoch mit dem Erbbauzins belastet – eine Konstellation, bei der man zum einen in seiner Befugnisgewalt eingeschränkt ist, zum anderen aber auch in die Pflicht genommen werden kann. *Wer würde nicht gerne im Voraus wissen, auf was er sich mit seiner geerbten Immobilie wirklich einlässt?* Also auch hier gilt: Klären Sie die Fakten!

Wie genau Sie dabei vorgehen können, verrät Ihnen die folgende Checkliste für die Prüfung und Verwaltung von Nachlassimmobilien:

Checkliste Immobilien & Co.

1. **Zugang zur Immobilie**
   - *Schlüsselstand prüfen:* Wo befinden sich die Schlüssel? Liegen alle Schlüssel vor?
   - *Zutritt kontrollieren:* Wer hat derzeit Zugang zur Immobilie (Familienmitglieder, Nachbarn, Dritte)?
   - *Schlösser tauschen:* Sollten Schlösser aus Sicherheitsgründen ausgetauscht werden?

2. **Grundbuch und rechtliche Prüfung**
   - *Grundbuchauszug beantragen:* Liegt ein aktueller Grundbuchauszug vor? Ein Grundbuch ist in der Regel aktuell, wenn er maximal drei Monate alt ist.
   - *Dingliche Belastungen prüfen:* Gibt es Grundschulden, Hypotheken, Wegerechte, Erbbaurechte oder andere Belastungen?
   - *Details zu Belastungen:* Liegen alle Informationen zu eingetragenen Belastungen vor, zum Beispiel Löschungsbewilligungen?
   - *Löschungsbewilligungen:* Falls Grundschulden abbezahlt wurden, wo befinden sich die Löschungsunterlagen?
   - *Bestehende Kredite:* Laufen noch Kredite, die mit der Immobilie verbunden sind?

3. **Sicherung und Begutachtung der Immobilie**

- *Immobilie niemals allein betreten!* Nehmen Sie stets Zeugen mit, um sich rechtlich abzusichern.
- *Letzte Besichtigung:* Wann wurde die Immobilie zuletzt kontrolliert oder begutachtet? Liegt ein Gutachten vor?
- *Sicherheitsmaßnahmen:* Müssen Maßnahmen wie das Abstellen von Wasser oder Strom ergriffen werden?
- *Fenster und Türen:* Sind alle Fenster und Türen geschlossen oder in einem sicheren Zustand?
- *Lüften:* Lassen Sie regelmäßig frische Luft in die Räume, um Schimmelbildung zu vermeiden.
- *Kühlschrank leeren:* Ist der Kühlschrank geleert und gereinigt, um Geruchsbildung zu verhindern?
- *Wartungsbedarf prüfen:* Gibt es akute Wartungsarbeiten wie defekte Fenster, ein undichtes Dach oder Witterungsschäden?
- *Wintersicherung:* Ist das Haus winterfest? Sind zum Beispiel die Wasserleitungen entleert, ist die Heizung geprüft oder auf Frostschutz eingestellt?

4. **Zustand und Langzeitplanung**

- *Nutzungszeitraum:* Kann die Immobilie mehrere Tage, Wochen oder Monate im aktuellen Zustand verweilen?
- *Versicherungsschutz:* Ist die Immobilie ausreichend versichert (Gebäudeversicherung, Haftpflicht)? Wichtig ist die Meldung des Leerstands an die Versicherung. Ansonsten besteht die Gefahr, dass die Versicherung im Schadensfall nicht aufkommt.
- *Wertgutachten*: Sollte ein Gutachten zur Wertermittlung der Immobilie erstellt werden?

5. **Mietverhältnisse**

- *Mietverträge prüfen:* Gibt es Mieter in der Immobilie? Liegen Ihnen die Mietverträge vor?
- *Zahlungsstand:* Werden die Mietzahlungen regelmäßig beglichen?
- *Nebenkostenabrechnungen:* Sind die Abrechnungen aktuell? Müssen offene Forderungen oder Rückzahlungen geprüft werden? Bitte beachten Sie unbedingt die Frist. Sie müssen die Nebenkostenabrechnung bis zum Jahresende einreichen, da danach kein Anspruch mehr besteht.

- *Kommunikation mit Mietern:* Müssen die Mieter über den Nachlass informiert werden?

6. **Unterlagen und Dokumentation**

   Vollständigkeit der Unterlagen: Liegen die folgenden Unterlagen vor?
   - Energieausweis
   - Baupläne
   - Rechnungen für Renovierungen oder Reparaturen
   - Versicherungsunterlagen
   - Betriebskostenübersicht

   Fotodokumentation: Dokumentieren Sie den Zustand der Immobilie mit Fotos (innen und außen).

7. **Steuern und Finanzen**
   - *Steuer:* Prüfen Sie, ob durch die Immobilie eine Steuerpflicht aus einem Betrieb entsteht. Dies ist regelmäßig der Fall, wenn sich das Objekt im Betriebsvermögen befunden hat.
   - *Laufende Kosten:* Wer trägt aktuell die Kosten für Strom, Wasser, Gas, Versicherungen, Grundsteuer und Müllgebühren?

8. **Kommunikation mit Behörden und Dienstleistern**
   - *Abmeldung des Verstorbenen:* Melden Sie den Verstorbenen bei Versorgern und Behörden ab (zum Beispiel Strom, Gas, Wasser, Müll).
   - *Verträge kündigen oder übernehmen:* Prüfen Sie laufende Verträge (zum Beispiel Alarmanlagen, Wartungsverträge et cetera).
   - *Postnachsendung:* Stellen Sie sicher, dass die Post des Erblassers an die neue Kontaktadresse des Nachlasses weitergeleitet wird.

9. **Weitere Maßnahmen bei längerer Leerstandsdauer**
   - *Objektpflege organisieren:* Planen Sie regelmäßige Kontrollen, Rasenpflege, Winterdienst und so weiter.
   - *Hausverwaltung:* Sollte eine Hausverwaltung oder ein Makler eingeschaltet werden?

10. **Entscheidungen zur Immobilie treffen**
    - *Nutzung oder Verkauf:* Soll die Immobilie verkauft, vermietet oder von einem Erben selbst genutzt werden?

- *Wertermittlung:* Lassen Sie den Marktwert der Immobilie durch einen Sachverständigen oder Makler bewerten.
- *Renovierung oder Sanierung*: Müssen vor Verkauf oder Nutzung Renovierungsarbeiten durchgeführt werden?

11. Weitere Fragen klären

- Gibt es andere Personen, die Rechte an der Immobilie geltend machen könnten?
- Gibt es offene Streitpunkte innerhalb der Erbengemeinschaft bezüglich der Immobilie?

Mit dieser Checkliste können Sie sicherstellen, dass wesentliche Aspekte der Nachlassimmobilie berücksichtigt und professionell verwaltet werden.

Gut zu wissen

Prüfen Sie unbedingt, welche Versicherungen für die geerbte Immobilie vorliegen, damit Sie am Ende keine bösen Überraschungen erleben. Eine Brandschutzversicherung ist oftmals bereits abgeschlossen – suchen und sichern Sie das Original der Police. Im Idealfall hat der Verstorbene alle zusätzlichen Risiken abgesichert, ist also versicherungstechnisch im Reinen, hat Leitungswasser ebenso abgesichert wie Schäden, die er als Eigentümer verursacht hat, sprich die Eigentümerhaftpflichtversicherung. Ebenfalls wichtig: die sogenannte Elementarversicherung, die Schäden durch Elementarereignisse (Erdbeben, Überschwemmung, Schneerutsch et cetera) abdeckt. Liegen die Versicherungen nicht vor, sollten Sie nachversichern. Denn als Erbe sind Sie in der Pflicht, wenn es zu nicht abgedeckten Schäden kommt. Melden Sie auch einen eventuellen Leerstand der Immobilie und stellen Sie sicher, dass Sie sie regelmäßig betreten, um Schäden ausschließen zu können. Denn darauf bestehen Versicherungen – wobei sie allerdings selten definieren, was »regelmäßig« heißt, also in welchem Turnus Sie nachschauen müssen. Dokumentieren Sie sorgfältig, was Sie bei diesen Begehungen alles überprüft haben (Beschreibung der Prüfung, mit Zeitangaben, Zeugen), damit Sie im Fall der Fälle einen Nachweis für die Versicherungen erbringen können.

Allerdings: Bei all diesen Recherchen kommt ein sensibler Punkt hinzu, der bei vielen eine gewisse Überwindungskraft fordert – sei es aus Skrupel oder emotionaler Betroffenheit. Es ist immer mit gewissen Hemmungen verbunden, in das Leben einer anderen Person einzudringen. Wir alle haben gelernt, die Privatsphäre unserer Mitmenschen zu respektieren, und erwarten dies auch im Gegenzug. Und was kann privater sein als die eigenen vier Wände? Das Betreten einer Nachlassimmobilie kann also aus mehreren Gründen ein schwieriger Schritt sein.

Meine nochmalige Bitte an dieser Stelle: **Betreten Sie eine Nachlassimmobilie niemals im Alleingang.** Involvieren Sie immer vertrauenswürdige Helfer. Zum einen reduziert sich damit das Gefühl, unrechtmäßig irgendwo einzudringen. Denn die Nachlassregelung ist eine absolute Notwendigkeit, sowohl für die Erben als auch ganz und gar im Sinne des Erblassers. Und eine Handlung als Team verleiht dieser Notwendigkeit Ausdruck. Zum anderen fungieren Ihre Helfer zugleich als Zeugen. So kann Ihnen am Schluss nicht unterstellt werden, etwas entwendet oder die Immobilie in einem verwüsteten Zustand hinterlassen zu haben. Wenn sich eine solche Situation nicht restlos aufklären lässt, kann das schnell zu einem Rechtsstreit führen. Da sind Sie mit Zeugen, die Ihre Version der Geschichte bestätigen können, immer auf der sicheren Seite.

Und beides ist durchaus keine Seltenheit, wie ich aus eigener Erfahrung berichten kann. So hatten wir an einem Fall gearbeitet, in dem plötzlich der Vorwurf im Raum stand, dass eine wertvolle »Rolex« im Nachlass fehle. Als Beweis für die Existenz besagter Uhr diente ein verschwommenes Foto. Gut, dass wir wussten, was uns erwarten konnte und dementsprechend mit Zeugenaussagen ausreichend abgesichert waren.

In einem anderen Fall wurde mir vorgeworfen, ich hätte Nachlassgegenstände durch grobes Sichern des Nachlassobjekts zerstört. Selbst die Staatsanwaltschaft wurde eingeschaltet. Eine sehr unangenehme Situation. Ich hatte glücklicherweise drei Zeugen dabei, die bestätigen konnten, dass wir äußerst sorgsam vorgegangen waren und die Schäden schon vor unserem Betreten bestanden hatten. Das Ganze hat sich dann zerschlagen – dennoch eine unangenehme Erfahrung.

Abgesehen davon besteht Ihre erste Aufgabe in der Nachlassimmobilie darin, Ordnung zu schaffen und alle notwendigen Dokumente zusammenzutragen. Planen Sie dafür ausreichend Zeit ein, denn bei Papierkram vergeht diese erfahrungsgemäß wie im Flug. Die unbekannte Umgebung und unvertraute Ablagesysteme tun ihr Übriges. Und verzweifeln Sie nicht im Voraus. Was zunächst nach einer Herkulesaufgabe aussieht, kann durch ein systematisches Vorgehen und mit Geduld durchaus bewältigt werden. Das Wichtigste ist hier Klarheit. Denken Sie immer daran: Sie brauchen zuerst alle Fakten, um die nächste Station in unserem Fünf-Phasen-Plan anzusteuern.

Die folgende Checkliste zum sicheren Betreten einer Nachlassimmobilie wird Ihnen bei der systematischen Herangehensweise und der Vermeidung von Fehlern im Vorfeld helfen:

Checkliste Betreten der Nachlassimmobilie

1. Vorbereitung vor dem Betreten der Immobilie

Zeugen und Helfer mitnehmen

- Betreten Sie eine Nachlassimmobilie nie allein, nehmen Sie mindestens einen Zeugen mit, um Ihre Handlungen später bestätigen zu können.

Zutrittskontrolle

- Klären Sie, ob andere Personen (zum Beispiel Nachbarn, Miterben, ehemalige Bewohner) noch Zutritt zur Immobilie haben.
- Prüfen Sie, ob Schlösser aus Sicherheitsgründen ausgetauscht werden sollten.

2. **Dokumentation der Immobilie**

   Fotodokumentation vor Beginn

   - Fotografieren Sie die gesamte Immobilie von außen und innen, um den Zustand vor Beginn der Arbeiten festzuhalten.
   - Gehen Sie Raum für Raum durch und dokumentieren Sie alles systematisch.

3. **Vorgehen in der Immobilie**

   Systematisch Raum für Raum arbeiten

   - Arbeiten Sie die Räume nacheinander ab, um nichts zu übersehen.
   - Öffnen und prüfen Sie gründlich alle Schubladen, Schränke, Ordner und Ablagen.

   Sichtung wichtiger Unterlagen

   - Suchen Sie gezielt nach relevanten Dokumenten, zum Beispiel Löschungsbewilligungen, Fahrzeugunterlagen, Darlehensverträgen, Versicherungsunterlagen, Testamenten oder Erbverträgen.
   - Stellen Sie unbedingt die Originale sicher.
   - Erstellen Sie eine Liste: Notieren Sie alle Unterlagen, die Sie aus der Immobilie entnehmen, inklusive Beschreibung und Aufbewahrungsort.

4. **Umgang mit Wertsachen**

   Sichtung und Sicherstellung

   - Suchen Sie gezielt nach Schmuck, Bargeld, Sammlerstücken oder anderen wertvollen Gegenständen.
   - Dokumentieren Sie den Fundort und erstellen Sie eine detaillierte Liste. *Tipp:* Diese können Sie auch einfach in Ihr Telefon diktieren und später abtippen.

   Fotodokumentation

   - Fotografieren Sie jeden Gegenstand, bevor Sie ihn aus der Immobilie mitnehmen.

   Sicherer Transport

   - Lagern Sie wertvolle Gegenstände an einem sicheren Ort und halten Sie, falls erforderlich, Rücksprache mit allen Erben.

5. **Haushaltsmanagement**

Kühlschrank und Lebensmittel

- Räumen Sie den Kühlschrank aus, falls dieser noch gefüllt ist, um Geruchsbildung zu vermeiden.
- Entsorgen Sie verderbliche Lebensmittel sachgerecht.

Lüften

- Sorgen Sie für ausreichende Belüftung, um Feuchtigkeit und Schimmel vorzubeugen.

Wasserleitungen

- Lassen Sie kurz Wasser durch die Leitungen laufen, um stehendes Wasser aus den Rohren zu spülen.

Steckdosen

- Ziehen Sie alle Stecker aus den Steckdosen, um Kurzschlüsse zu vermeiden.

Zählerstand

- Falls die Immobilie längere Zeit unbewohnt bleibt, stellen Sie das Wasser ab und notieren Sie den Zählerstand.

6. **Prüfung auf Gefahren und Schäden**

Gefahrenquellen prüfen

- Kontrollieren Sie, ob Wasser tropft, Gasgeruch vorhanden ist oder elektrische Geräte sicher sind.
- Untersuchen Sie Dachrinne, Fenster und Türen auf Schäden oder Verschmutzungen.

Wintervorbereitung

- Stellen Sie sicher, dass die Immobilie wintersicher ist (Heizung einschalten oder Rohre entleeren); lassen Sie dafür gegebenenfalls Profis kommen.

7. **Sicherheitsmaßnahmen**

Fenster und Türen

- Schließen Sie alle Fenster und Türen sorgfältig oder kippen Sie sie nur leicht zur Belüftung.
- Überprüfen Sie, ob die Immobilie nach dem Verlassen vollständig gesichert ist.

Mietverhältnisse prüfen

- Falls Mieter in der Immobilie wohnen, klären Sie, ob Mietverträge vorliegen und ob alle Zahlungen geleistet wurden.

8. **Nachbereitung**

Bericht anfertigen

- Erstellen Sie einen schriftlichen Bericht über alle durchgeführten Maßnahmen und dokumentierten Funde.
- Teilen Sie diesen Bericht mit allen Erben, falls erforderlich.

Weitere Schritte planen

- Besprechen Sie, ob Reparaturen oder Sicherungsmaßnahmen notwendig sind.
- Klären Sie, ob eine professionelle Hausverwaltung oder ein Gutachter hinzugezogen werden sollte.

So aufgestellt sind Sie in Bezug auf den richtigen Umgang mit Nachlassimmobilien in jedem Fall auf der sicheren Seite und können anschließend mit Ihrer Faktenrecherche fortfahren.

Immobilie geerbt – Segen oder Fluch?

Wenn Erben Immobilien im Nachlass erhalten, kann das schnell zu einer unerwarteten Herausforderung werden. Oft wird der Wert des sogenannten »Betongolds« viel zu hoch eingeschätzt. Nehmen wir an, jemand erbt eine Immobilie in München: Zack, wird die Erbschaftsteuer fällig – oft sofort und nicht einfach zu bezahlen. In solchen Fällen bleibt den Erben oft nichts anderes als der Immobilienverkauf übrig. Doch der Druck vom Finanzamt kann das Ganze zu einem echten Drahtseilakt machen. Und wenn sich die Erben nicht einig werden können, wird die Situation schnell unangenehm.

Das gilt auch für vermietete Immobilien. Und hier gibt es zusätzliche Risiken: Wenn Mieter beispielsweise die Miete nicht mehr zahlen, stehen Erben vor dem Problem langwieriger Räumungsklagen, die sehr teuer werden können. In einem konkreten Fall mussten Erben jährlich über 10 000 Euro an Stromkosten begleichen, weil Mietnomaden in der Immobilie lebten und den Strom verschwendeten. Die Räumungsklage zog sich über zwei Jahre hin und die Kosten beliefen sich auf mehr als 30 000 Euro – und das, ohne die verloren gegangenen Mieten zu berücksichtigen.

Wenn es keine Einigung über den Verkauf der Immobilie gibt, bleibt häufig nur der Weg zur Teilungsversteigerung. Dabei wird der Erlös beim Amtsgericht hinterlegt, und alle Erben müssen zustimmen, bevor es ausgezahlt wird. Sollte ein Erbe die Zustimmung verweigern, könnte das Geld blockiert bleiben und ein weiteres Zivilverfahren notwendig werden. Zusätzlich sind die Erben im Teilungsversteigerungsverfahren oft machtlos und müssen den erzielten Preis akzeptieren, sofern sie den Antrag nicht mehr zurücknehmen können. Es sollten sich daher alle der Risiken bei Immobilien im Nachlass bewusst sein. Auch das bereits erwähnte Erbbaurecht und die laufenden Kosten der Immobilien sollten genau unter die Lupe genommen werden.

Auto & Co.

Stichwort: Fahrzeuge. Hat der Verstorbene ein Auto oder sogar mehrere besessen? Ist er Motorrad gefahren? Ein Fahrzeug darf auf keinen Fall auf den Namen des Verstorbenen angemeldet bleiben. Es muss umgemeldet werden, was einen gewissen Zeitdruck erzeugt. Ich empfehle dringend, Autos möglichst schnell zu verkaufen, falls niemand aus der Erbengemeinschaft Interesse daran hat. Denn es verliert umso mehr Wert, je länger es ungenutzt bleibt. Zudem können Probleme wie Standschäden oder Schwierigkeiten mit der Versicherung auftreten.

Um den Wert eines Fahrzeugs zu bestimmen beziehungsweise ein Gefühl für den Marktpreis zu bekommen, ziehe ich sowohl offizielle Gutachten als auch einschlägige Online-Plattformen heran. Das hilft bei einer guten Verhandlungsbasis. Allerdings sind Gutachten wirklich lediglich Richtwerte und der tatsächliche Preis wird vom Markt bestimmt.

Manchmal können auch emotionale Aspekte oder persönliche Werte den Preis beeinflussen. Als Nachlassverwalter sehe ich meine Aufgabe darin, möglichst viele potenzielle Käufer für ein realistisches Bild vom Marktwert zu erreichen. Allerdings können weder ich noch die Erbengemeinschaft den Preis festlegen, sondern lediglich dafür sorgen, dass das Angebot breit gestreut wird. Die folgende Checkliste für den Umgang mit Fahrzeugen im Nachlass hilft Ihnen hier weiter:

Checkliste Auto & Co.

1. **Fahrzeugstandort**

   Aktueller Standort des Fahrzeugs
   - den genauen Standort des Fahrzeugs überprüfen (Garage, Stellplatz, öffentliche Straße)
   - Ist der Standort sicher oder sollte das Fahrzeug an einen sicheren Ort überführt werden?

   Sicheren Abstellort suchen
   - Wenn das Fahrzeug ungenutzt bleibt, stellen Sie sicher, dass es an einem geschützten Ort geparkt ist (Garage oder überwachte Parkplätze).
   - Sichern Sie das Fahrzeug gegen Diebstahl, zum Beispiel indem Sie die Schlüssel entfernen oder eine Wegfahrsperre anbringen.

2. **Fahrzeugunterlagen**

   Wichtige Dokumente auffinden
   - Zulassungsbescheinigung Teil I (Fahrzeugschein) – befinden sich im Fahrzeug oder bei den Unterlagen des Verstorbenen
   - Zulassungsbescheinigung Teil II (Fahrzeugbrief) – meist in der Wohnung oder im Schließfach des Verstorbenen
   - Versicherungsunterlagen – Policen der Haftpflicht- oder Kaskoversicherung
   - Kaufvertrag: Nachweis des Eigentums, falls vorhanden
   - Leasing- oder Finanzierungsverträge: klären, ob das Fahrzeug vollständig bezahlt ist oder noch Raten anfallen
   - Service- und Wartungsheft – für die Fahrzeughistorie (meist im Handschuhfach)
   - Schlüssel: Alle vorhandenen Fahrzeugschlüssel sollten sicher verwahrt werden.

Mögliche Aufbewahrungsstandorte für Fahrzeugdokumente

- Nachlassimmobilie: Schränke, Schubladen, Ordner
- im Fahrzeug selbst: Handschuhfach, Kofferraum, Seitentaschen
- Schließfächer oder Banken: Falls der Verstorbene ein Schließfach hatte, könnten dort wichtige Dokumente liegen.

3. **Fahrzeugstatus prüfen**

Eigentums- und Besitzrechte

- Eigentumsnachweis: Liegt die Zulassungsbescheinigung Teil II vor? Ist der Verstorbene als Eigentümer eingetragen?
- Finanzierung: Ist das Fahrzeug vollständig bezahlt, finanziert oder geleast?
- Leasingfahrzeuge: Prüfen Sie den Leasingvertrag und klären Sie, ob eine Rückgabe oder eine Übernahme des Leasings erforderlich ist beziehungsweise ob Sie das Fahrzeug früher zurückgeben können.
- finanzierte Fahrzeuge: Kontaktieren Sie die finanzierende Bank, um offene Restschulden und Rückzahlungsmodalitäten zu klären.

Versicherung

- aktuelle Versicherung des Fahrzeugs ermitteln
- prüfen, ob die Prämien bezahlt sind und ob die Versicherung nach dem Tod des Versicherten automatisch endet
- klären, ob eine Sonderkündigung möglich ist

Zulassung und Steuern

- überprüfen, ob die Kfz-Steuer beglichen wurde

4. **Zustand des Fahrzeugs**

Zustandsbericht

- Prüfen Sie den äußerlichen Zustand (Schäden, Kratzer, Rost). Halten Sie alles mit Fotos fest.
- Testen Sie die Funktionstüchtigkeit (Batterie, Motor, Bremsen, Licht).
- Überprüfen Sie den Kilometerstand und schreiben Sie ihn auf.

Gutachten in Erwägung ziehen

- Lassen Sie bei wertvollen oder beschädigten Fahrzeugen ein Gutachten durch einen Sachverständigen erstellen.
- Ein Gutachten kann nützlich sein, um den Marktwert des Fahrzeugs für die Nachlassaufteilung zu bestimmen.

5. Rechtliche und organisatorische Schritte

Abmeldung des Fahrzeugs

- Wenn das Fahrzeug nicht mehr genutzt wird, sollten Sie es bei der Zulassungsstelle abmelden.
- Wichtig: Auf eine verstorbene Person darf das Fahrzeug nicht mehr zugelassen sein. Die Abmeldung oder Ummeldung ist daher Pflicht! Offizielle Fristen gibt es hier nicht. Aber es gilt: Je schneller, desto besser.
- Beachten Sie, dass Versicherung und Kfz-Steuer enden, sobald das Fahrzeug abgemeldet ist.

Übertragung des Fahrzeugs

- Möchte ein Erbe das Fahrzeug behalten oder verkaufen, muss die Zulassung entsprechend übertragen werden.
- Für die Umschreibung benötigen Sie:
  a. Zulassungsbescheinigung Teil I und II,
  b. Versicherungsnachweis (eVB-Nummer),
  c. Nachweis der Erbberechtigung (zum Beispiel Erbschein).

Verkauf des Fahrzeugs

- Falls das Fahrzeug verkauft werden soll, holen Sie Angebote ein, zum Beispiel bei Händlern oder online.
- Achten Sie auf einen sicheren Verkauf mit schriftlichem Kaufvertrag.

Nutzung des Fahrzeugs

- Beachten Sie, dass das Fahrzeug bis zur offiziellen Umschreibung rechtlich noch zum Nachlass gehört. Klären Sie daher Haftungsfragen, bevor das Fahrzeug wieder genutzt wird.

6. Sicherheit und Wartung

Wartungsmaßnahmen

- prüfen, ob Wartungen oder Reparaturen erforderlich sind (zum Beispiel Ölwechsel, Bremsen)
- das Fahrzeug regelmäßig bewegen (lassen), um Schäden durch Standzeiten zu vermeiden

Sicherheitsmaßnahmen

- sicherstellen, dass das Fahrzeug abgeschlossen ist und keine Wertsachen darin liegen
- den Standort regelmäßig kontrollieren, insbesondere bei längeren Standzeiten

Winterfestigkeit

- Falls das Fahrzeug längere Zeit im Winter steht, prüfen Sie Frostschutz für die Scheibenwaschanlage und Kühlflüssigkeit.

7. **Zusätzliche Hinweise**

Kommunikation mit Erbengemeinschaft

- alle Miterben über den Status und die geplanten Maßnahmen zum Fahrzeug informieren
- gemeinsam klären, ob das Fahrzeug verkauft oder im Besitz der Erbengemeinschaft verbleiben soll

Dokumentation

- Halten Sie alle Schritte schriftlich fest, zum Beispiel den Zustand des Fahrzeugs, den Fundort der Unterlagen und die Abwicklung bei der Bank oder Zulassungsstelle.

Mit diesen Maßnahmen stellen Sie sicher, dass alle relevanten Aspekte rund um Fahrzeuge im Nachlass sorgfältig geprüft und geregelt werden. Die Checkliste gibt dabei bereits vor: Sobald es um physisch ausgestellte Dokumente wie Fahrzeugpapiere geht, werden Sie meistens in der Nachlassimmobilie oder dem letzten Wohnort des Erblassers fündig. Ein sensibles Unterfangen, wie wir wissen. Mein nochmaliger Rat hier: **Betreten Sie niemals eine Nachlassimmobilie im Alleingang.** Involvieren Sie immer vertrauenswürdige unparteiische Helfer.

Ein Beispiel aus der Praxis

Auf den ersten Blick erschien der Fall recht simpel: Theodor, Freund des verstorbenen Albrecht K., war neben dem Sohn Ferdinand als Miterbe eingesetzt. Das Herzstück des Nachlasses bildete ein altes Haus, dessen Zustand allerdings wegen eines sichtbaren Schimmelbefalls mehr als bedenklich war. Das machte uns zunächst skeptisch hinsichtlich des tatsächlichen Objektwertes. Dennoch hatten schon viele Interessenten ein Auge auf das Grundstück geworfen, offensichtlich mit dem klaren Plan im Kopf: Abriss und Neubau. Doch bevor wir darauf eingehen wollten, beschloss mein Team im Sinne der Erben, sich erst ein genaueres Bild von der Lage zu machen.

Also holten wir uns Profis für ein Kurzwertgutachten ins Boot. Zugegeben, es ist nicht immer leicht, einen kompetenten Partner zu finden, der in so einer Angelegenheit wirklich helfen kann, und Sie sollten in jedem Fall ausreichend Zeit dafür einplanen. Auch wir haben dafür erst einmal Zeit investiert. Dennoch war es die beste Entscheidung, die wir hier treffen konnten. Denn siehe da: Trotz aller sichtbaren Mängel lag der Wert des Hauses bei stolzen 175 000 Euro! Und ein Fachmann konnte uns den Schimmel auf Garantie für nur 10 000 Euro beseitigen. Über ein Bieterverfahren erzielten wir so einen Kaufpreis in Höhe von 280 000 Euro. Damit hatten wir schließlich einen Nachlass in Höhe von über 350 000 Euro zu verteilen – ein Ergebnis, das für Sohn Ferdinand und Freund Theodor mehr als zufriedenstellend war.

Das war eines dieser Beispiele, die uns lehren sollten, niemals zu vorschnelle Schlüsse zu ziehen. Manchmal lohnt es sich, genauer hinzuschauen, sich im Zweifelsfall mit einem Experten zu beraten und eine Kosten-Nutzen-Rechnung aufzustellen. So kann man oft mehr erreichen als mit einem Kreuzzug vor Gericht.

Schulden geerbt? Was nun?

Einem Punkt sollten Sie besondere Aufmerksamkeit widmen: der Frage nach den Schulden des Erblassers. Hat jemand Vermögen hinterlassen, so erwartet die potenziellen Erben oft nicht nur ein willkommener Geldsegen, sondern unter Umständen auch die Verantwortung für die Schulden des Erblassers. In einem Rechtsstaat gilt schließlich die allgemeine Devise: Mit Rechten gehen auch Pflichten einher. Schulden sind vermutlich die größte Angst, die uns beim Thema Nachlass befallen kann. Und reden wir nicht drum herum: Diese Angst ist begründet. Daher sollten Sie diesem Punkt besonders viel Aufmerksamkeit widmen. Ihn »auszusitzen«, wäre das wohl Unvernünftigste, das Sie hier tun könnten.

Wie findet man heraus, ob jemand Schulden hat?

Für den Fall der Fälle können Sie nun wirklich den inneren Detektiv in sich ausleben: Mein erster Schritt ist dabei immer die Sondierung der Kontobewegungen der letzten zwölf bis 18 Monate. Checken Sie die Kontoauszüge des Erblassers, sprechen Sie mit der Hausbank und sehen Sie die persönlichen Unterlagen durch. Regelmäßige Abzüge und aktive Lastschriften könnten auf einen Kredit, ein Privatdarlehen, eine Ratenzahlungsvereinbarung oder andere Verpflichtungen wie Leasing, Miete, Abonnements und so weiter hinweisen.

Können Sie mit den Angaben zu einem der Zahlungsempfänger nichts anfangen, dann recherchieren Sie: Hier reicht oft schon eine Internetrecherche und Sie wissen schnell, ob es sich um ein Inkassobüro, ein Unternehmen oder ein Kreditinstitut handelt. In allen anderen Fällen fragen Sie die Hausbank des Erblassers und bitten Sie um mehr Auskünfte zu den Zahlungsempfängern. Wenn auch das nichts bringt, bleibt nur noch die Option »Zahlungen einstellen und abwarten, wer sich meldet«: Denn glauben Sie mir – sobald Gläubiger den fehlenden Eingang von Zahlungen registrieren, werden sie alles in Bewegung setzen, um nun Sie, den Nachlassverantwortlichen, zu finden. Dabei wenden diese sich oft selbst an das Nachlassgericht und erfahren dort von der Existenz eventueller Erben sowie ihre Kontaktdaten. Erfahrungsgemäß erfolgt das innerhalb von drei bis neun Monaten. Daher sollte eine Auseinandersetzung des Nachlasses niemals vorher erfolgen, wenn die Schuldenfrage nicht vollständig und mit absoluter Gewissheit geklärt ist.

Gut zu wissen

Die gesamten Kosten, die Gläubiger für eine Suche der Erben aufwenden müssen, können den Erben selbst in Rechnung gestellt werden. So sieht es das Gesetz vor. Daher die Devise: Werden Sie selbst aktiv! Und warten Sie nur in solchen Fällen ab, in denen eine Ermittlung der Gläubiger wirklich unmöglich ist.

Wenn unklar ist, ob der Nachlass überschuldet ist oder nicht, können Erben beim zuständigen Amtsgericht beziehungsweise Nachlassgericht eine rechtliche Nachlassverwaltung beantragen. Der Nachlassverwalter ermittelt den Nachlass und stellt fest, ob dieser überschuldet ist. **Dieses Verfahren schützt die Erben vor persönlicher Haftung.** Eine Empfehlung: Versuchen Sie, zu Beginn mit dem Nachlassverwalter eine Vergütungsvereinbarung zu treffen, um spätere Konflikte zu vermeiden, insbesondere, wenn die Überschuldung abgewendet werden kann.

Diese Checkliste zu den Schulden eines Erblassers verschafft einen guten Überblick:

Checkliste Schulden & Co.

1. **Kontoauszüge prüfen**

   Kontoauszüge der letzten zwölf Monate
   - Sichtung aller Konten des Erblassers
   - prüfen, ob regelmäßige Abbuchungen wie Kreditzahlungen, Mietkosten, Versicherungsbeiträge oder Abos darauf vermerkt sind

   Ältere Kontoauszüge prüfen
   - Wenn unklare oder ungewöhnliche Buchungen auftauchen, fordern Sie zusätzliche Kontoauszüge an, die über zwölf Monate hinausgehen.

   Unbekannte Abbuchungen
   - Identifizieren Sie Abbuchungen unbekannter Gläubiger (zum Beispiel Kreditinstitute, Dienstleister) und kontaktieren Sie diese.

2. **Sichtung persönlicher Unterlagen**

   Sammeln aller relevanten Dokumente
   - Rechnungen, Mahnungen, Kreditverträge, Mietverträge, Darlehensunterlagen und Bürgschaften
   - Prüfen Sie auch alte Unterlagen, die auf mögliche Schulden hinweisen könnten.

Aufbewahrungsorte

- Suchen Sie in der Wohnung, im Schließfach, in Ordnern und Schubladen.
- Überprüfen Sie E-Mails oder digitale Unterlagen, falls der Erblasser ein Konto bei einer Onlinebank hatte.

3. **Korrespondenz mit Banken und Finanzinstituten**

Anfrage bei Banken

- Wenden Sie sich an alle Banken, bei denen der Erblasser ein Konto hatte. Bitten Sie um eine Übersicht aller bestehenden Verbindlichkeiten wie Konsumentenkredite, Dispokredite, Hypotheken.
- Fragen Sie auch nach bestehenden Schließfächern, die Schuldenunterlagen enthalten könnten.

Feststellen von Bürgschaften

- Prüfen Sie, ob der Erblasser Bürge für einen Kredit war, denn auch diese Verpflichtungen gehen auf die Erben über.

4. **Adressen für zentralisierte Schuldenauskünfte**

Schufa

- Beantragen Sie eine Schufa-Auskunft des Erblassers. Hier sind offene Kredite, Ratenzahlungen und Verbindlichkeiten aufgeführt (http://www.schufa.de).

Creditreform Boniversum

- Bonitätsauskünfte können weitere Hinweise auf Verbindlichkeiten liefern (http://www.boniversum.de).

Zentrale Schuldnerkartei

- Kontaktieren Sie das örtliche Vollstreckungsgericht, um zu prüfen, ob der Erblasser im Schuldnerverzeichnis eingetragen ist.

5. **Sichtung von Versicherungen und Vermietungen**

Versicherungsverträge prüfen

- Hat der Erblasser Policen mit offenen Beiträgen wie Lebens-, Hausrat- oder Kfz-Versicherungen?
- Kontaktieren Sie die jeweiligen Versicherer und fragen Sie nach Beitragsrückständen.

Vermietungen

- Prüfen Sie die Mietverhältnisse des Erblassers.
- Sind Mietzahlungen offen oder Schäden an Mietobjekten, die noch beglichen werden müssen?

6. **Kontakt mit Behörden**

   Steuerverbindlichkeiten

   - Wenden Sie sich an das zuständige Finanzamt und fragen Sie nach offenen Steuerforderungen, wie Einkommensteuer, Gewerbesteuer oder Erbschaftsteuer.

   Ordnungswidrigkeiten

   - Prüfen Sie, ob Strafzettel oder Bußgeldbescheide offen sind.

7. **Kontakt mit Gläubigern**

   Direkte Ansprache

   - Kontaktieren Sie bekannte Gläubiger des Erblassers und fordern Sie eine Übersicht der noch offenen Forderungen.

   Reaktion auf Mahnungen

   - Öffnen Sie regelmäßig die Post des Erblassers, da hier Mahnungen oder Zahlungsaufforderungen enthalten sein könnten.

8. **Immobilienschulden**

   Hypotheken und Grundbuch prüfen

   - Beantragen Sie einen Grundbuchauszug für die besessenen Immobilien.
   - Klären Sie, ob Belastungen wie Hypotheken oder Grundschulden bestehen.

   Vermieterpflichten

   - Falls der Erblasser Immobilien vermietet hat, prüfen Sie, ob Forderungen von Mietern bestehen (zum Beispiel Rückzahlung von Kautionen).

9. **Vertragskündigungen**

   Laufende Verträge prüfen

   - Kontrollieren Sie laufende Verträge (Telefon, Internet, Strom, Abos) und klären Sie, ob offene Zahlungen existieren.

Kündigung bei Tod

- Viele Verträge können mit Nachweis des Todesfalles gekündigt werden, um weitere Schulden zu vermeiden (siehe die »Checkliste Verträge & Co.«).

10. Nachlassverwaltung und Haftung

Nachlassinsolvenz in Betracht ziehen

- Wenn die Schulden die Vermögenswerte übersteigen, aber Erinnerungsstücke behalten werden sollen, prüfen Sie die Möglichkeit einer Nachlassinsolvenz. So werden die Schulden aus dem Nachlass bedient und die persönliche Haftung der Erben entfällt.

Ausschlagung der Erbschaft

- Sollten erhebliche Schulden vorliegen, überlegen Sie, ob eine Ausschlagung der Erbschaft sinnvoll ist. Die Frist dafür beträgt sechs Wochen ab Kenntnis des Erbfalls.

Rechtliche Nachlassverwaltung beantragen

Dürftigkeitseinrede erheben

11. Dokumentation

Erstellen einer Schuldenübersicht

- Führen Sie eine Liste mit allen ermittelten Schulden, Gläubigern und Fälligkeiten.
- Halten Sie schriftlich fest, welche Schritte Sie zur Klärung unternommen haben.

Sichtungsvermerk

- Dokumentieren Sie, welche Unterlagen gesichtet wurden, und führen Sie eine Liste über offene Punkte.

Gut zu wissen

Wenn Sie ein Erbe fristgerecht ausschlagen, ist das rechtlich so, als wären Sie nie Erbe geworden (§ 1953 BGB). Das bedeutet: Die Schulden des Erblassers gehen nicht auf Sie über. Bürgschaften, Kredite, offene Rechnungen – alles bleibt beim Nachlass. Sie müssen auch nicht für Kosten haften, die über den Nachlass hinausgehen. Aber: Bereits gezahlte Rechnungen oder »vorschnell übernommene« Verpflichtungen können Sie nicht ohne Weiteres zurückdrehen. Deshalb sollte man vor der Ausschlagung nichts bezahlen. Und: Die Ausschlagung betrifft den ganzen Nachlass – man kann nicht »nur die Schulden« ausschlagen und »das Haus behalten«. Nach Ihrer Ausschlagung rücken die nächsten in der Erbfolge nach (Kinder, Geschwister et cetera) – auch sie müssen dann entscheiden, ob sie das Erbe annehmen oder ausschlagen. Beachten Sie: Die Frist ist kurz – sechs Wochen ab Kenntnis vom Erbfall und vom Grund der Berufung (zum Beispiel Testament). Bei Auslandsaufenthalt sind es sechs Monate.

Risiken minimieren mit dem Aufgebotsverfahren

Auf den ersten Blick scheint das Erbe übersichtlich: Erben bekannt, Kontoauszüge vorhanden, Kontobewegungen nachvollziehbar, Immobilienbesitz lückenlos dokumentiert, Vermögen einsehbar und nachvollziehbar. Doch oft ist es mit diesem ersten Blick nicht getan. Denn was passiert, wenn unerwartet Gläubiger auftauchen, die in keinem Dokument des Verstorbenen aufgeführt sind? Was passiert, wenn plötzlich ein offenes (privates) Darlehen auftaucht, das ebenfalls nicht dokumentiert ist? Besteht auch nur eine kleine Unsicherheit in Sachen Erbe, hilft nur eines: die Beantragung eines sogenannten Aufgebotsverfahrens. Beantragen kann es jeder, der sein Privatvermögen vor nicht kalkulierbaren Risiken schützen möchte. Es macht aus der unsicheren »Blackbox Nachlass« einen klaren, kalkulierbaren Rahmen.

Ein Beispiel aus der Praxis

Die beiden Brüder Michael und Thomas haben geerbt – neben einem kleinen Vermögen des Vaters bedauerlicherweise auch Schulden. Die Bestandsaufnahme zeigt: Das Vermögen übersteigt die noch offenen Schulden um einiges. Die Brüder sind sich schnell einig, begleichen die Schulden und teilen den Rest unter sich auf. Zwei Jahre sind seit dem Tod des Vaters vergangen, als Michael plötzlich ein Anwaltsschreiben im Briefkasten vorfindet. Der Anwalt kann einen privaten Darlehensvertrag vorweisen: Der Vater hatte sich auch bei einem Freund mit einer erheblichen Summe verschuldet. Thomas und Michael haften als Erben mit ihrem Privatvermögen – ganz unabhängig vom ererbten Vermögen des Vaters.

Die Brüder hätten eine solche Situation vermeiden können, indem sie – um die persönliche Haftung auf den Nachlass zu beschränken – ein Aufgebotsverfahren hätten durchführen lassen. In einem solchen Fall hätte das Nachlassgericht dieses Verfahren zum Beispiel im Amtsblatt veröffentlicht. Mögliche Gläubiger hätten dann eine vom Amtsgericht vorgegebene Zeit zwischen wenigen Wochen bis Monate, ihre Ansprüche zu melden und geltend zu machen. Meldet sich ein Gläubiger in dieser Frist nicht, wird er durch das Aufgebotsverfahren auf den Nachlass gesetzt, der nach Begleichung der Gläubiger, die ihre Forderungen angemeldet haben, verbleibt. Außerdem hätten Michael und Thomas gewusst, ob noch weitere Gläubiger existieren, und hätten nicht mit ihrem Privatvermögen haften müssen.

Musterschreiben Aufgebotsverfahren

Sehr geehrte Damen und Herren,

in vorbezeichneter Nachlassangelegenheit beantrage ich zum Zwecke der Ausschließung von Gläubigern des vorbezeichneten Erblassers, das Aufgebotsverfahren anzuordnen.

Antragsteller/in: [Vorname, Name, Adresse]

Ich beantrage,

1. das Amtsgericht wolle zum Zwecke der Ausschließung von Gläubigern des Erblassers das Aufgebotsverfahren anordnen, die Gläubiger zur Anmeldung ihrer Rechte und Forderungen unter Angabe des Gegenstandes und Grundes auffordern, und
2. nach Durchführung des Aufgebotsverfahrens Ausschließungsbeschluss dahin zu erlassen:
   - dass den Gläubigern ihre angemeldete Forderung gegen den Nachlass vorbehalten wird;
   - festzustellen, dass die übrigen Nachlassgläubiger, soweit nicht ihre Rechte nach dem Gesetz unberührt bleiben, unbeschadet des Rechts, vor den Verbindlichkeiten aus Pflichtteilsrechten, Vermächtnissen und Auflagen befriedigt zu werden, von den Erben nur insoweit Befriedigung verlangen können, als sich nach Befriedigung der nicht ausgeschlossenen Gläubiger noch ein Überschuss ergibt.

Begründung:

Der/die Unterzeichner/in ist Erbe/Erbin über den Nachlass von [Erblasser/ Erblasserin] geworden. Der/die Unterzeichner/in hat die Erbschaft angenommen.

Meine Ermittlungen sind erschöpft. Es besteht jedoch die Gefahr, dass unbekannte Verbindlichkeiten gegen den Erblasser vorhanden sein könnten und dass entsprechende Gläubiger ihre Forderung gegen den Erblasser anmelden werden, sobald diese von ihrem Ableben und der Anordnung der Nachlasspflegschaft Kenntnis erlangen.

Die Durchführung des Aufgebotsverfahrens ist zur weiteren Nachlassabwicklung erforderlich.

Ein Verzeichnis über die bekannten Gläubiger, die Forderungen gegen den Nachlass geltend gemacht haben, mit Angabe ihrer ladungsfähigen Anschrift, füge ich Ihnen als Anlage bei.

Auf die Notwendigkeit der Veröffentlichung des Aufgebots im elektronischen Bundesanzeiger wird hingewiesen.

Ich bitte, in dem zu erlassenden Ausschließungsbeschluss die Höhe der angemeldeten Forderungen der Gläubiger nebst angemeldeter Zinsen und Nebenforderungen konkret zu benennen.

Für Rückfragen stehe ich Ihnen gern zur Verfügung.

Mit freundlichen Grüßen

[Unterschrift]
[Name des Antragstellers]

Zuständig für ein solches Aufgebotsverfahren ist das Amtsgericht am letzten Wohnsitz des Erblassers. Dabei kann jeder Erbe, der die Erbschaft angenommen hat und nicht bereits unbeschränkt für Nachlassverbindlichkeiten haftet, den Antrag stellen. Das Gericht veröffentlicht das Aufgebot im Bundesanzeiger und gegebenenfalls in weiteren Publikationen. Die Frist zur Anmeldung der Forderungen beträgt mindestens sechs Wochen. Die Gerichtskosten richten sich nach dem Gerichts- und Notarkostengesetz (GNotKG) und können je nach Nachlasswert variieren.

Organisatorisches & Co.

Im Todesfall einer Person gibt es außerdem zahlreiche Meldepflichten zur Regelung rechtlicher, finanzieller und organisatorischer Angelegenheiten, die, falls sie unbeachtet bleiben, zu mehr Ausgaben und so auch zu mehr Schulden führen könnten. Ergänzend zu der Checkliste für die Schulden des Erblassers sollten Sie daher auch immer eine Checkliste zu den wichtigsten Meldepflichten führen:

Checkliste Organisatorisches & Co.

1. **Standesamt**
   - *Sterbeurkunde beantragen:* Der Tod muss dem zuständigen Standesamt gemeldet werden (in der Regel durch Ärzte oder Bestatter). Am besten lassen Sie sich gleich mehrere Urkunden ausstellen.
     Die Sterbeurkunde wird benötigt, um weitere Verpflichtungen zu erfüllen.

2. **Einwohnermeldeamt**
   - *Abmeldung des Verstorbenen:* Der Verstorbene muss beim Einwohnermeldeamt abgemeldet werden.
   - Diese Meldung erfolgt oft automatisch durch das Standesamt, kann aber auch von Angehörigen geprüft werden.

3. **Krankenkasse**
   - *Mitgliedschaft beenden:* Die gesetzliche oder private Krankenkasse muss über den Todesfall informiert werden.

4. **Rentenversicherung**
   - *Meldung an die Deutsche Rentenversicherung:* Die gesetzliche Rentenversicherung muss informiert werden, um Rentenzahlungen zu stoppen.
     Gegebenenfalls können Hinterbliebenenrenten (Witwen-/Waisenrente) beantragt werden.

5. **Arbeitgeber/Pensionskasse**
   - *Meldung an den Arbeitgeber:* Der Arbeitgeber des Verstorbenen muss informiert werden, damit das Arbeitsverhältnis beendet und offene Ansprüche (zum Beispiel Gehalt) geregelt werden können.
   - *Bei Betriebsrenten/Pensionskassen:* Klärung, ob und wie Ansprüche übergehen

6. **Versicherungen**
   - *Hausrat-/Wohngebäudeversicherung:* Informieren Sie die Versicherung über den Todesfall und prüfen Sie, ob die Immobilie weiterhin abgesichert ist.
     Leerstand melden: Falls das Objekt unbewohnt bleibt, muss dies der Versicherung gemeldet werden. Einige Versicherungen verlangen zusätzliche Maßnahmen, wie regelmäßige Kontrollgänge oder Frostschutz im Winter.
   - *Kfz-Versicherung:* Überprüfen, ob das Fahrzeug weiter genutzt, verkauft oder abgemeldet werden muss

7. **Finanzamt**
   - Erben müssen das Finanzamt gemäß § 30 ErbStG innerhalb von drei Monaten ab Kenntnis vom Anfall der Erbschaft über den Todesfall informieren, insbesondere wenn Steuerpflichten bestehen.
   - Offene Steuererklärungen des Verstorbenen müssen nachträglich eingereicht werden.
   - Erbschaftsteuerpflicht prüfen und gegebenenfalls anmelden

8. **Banken und Finanzdienstleister**
   - Meldung bei Banken

9. **Vermieter/Eigentümergemeinschaft**
   - Vermieter über den Todesfall informieren

10. **Strom, Wasser, Gas, Internet**
    - *Versorger und Dienstleister informieren:* Verträge für Strom, Wasser, Gas, Internet, Telefon et cetera überprüfen und gegebenenfalls kündigen

11. **Sozialversicherung und Sozialleistungen**
    - *Kindergeld und andere Leistungen:* Informieren Sie die Familienkasse über den Todesfall, falls Kindergeld oder andere Sozialleistungen bezogen wurden.

12. **Gericht und Grundbuchamt (bei Immobilien)**
    - *Grundbuch aktualisieren:* Falls Immobilien im Nachlass sind, müssen Sie die Eigentumsverhältnisse beim Grundbuchamt aktualisieren lassen.

13. **Ergänzende Praxistipps**
    - Halten Sie immer die Sterbeurkunde bereit. Viele Institutionen verlangen eine Sterbeurkunde als Nachweis.
    - **Fristen beachten:** Informieren Sie sich über Fristen, zum Beispiel für Kündigungen, steuerliche Meldepflichten oder die Beantragung von Versicherungsleistungen.

Gut zu wissen

Hat der Verstorbene Sozialleistungen bezogen, werden sie, übrigens ebenso wie Rentenzahlungen oder Pflegeleistungen, mit dem Todesfall eingestellt. Und: Können unter bestimmten Voraussetzungen sogar zurückverlangt werden. Dann etwa, wenn jemand zwar lange Zeit Grundsicherung im Alter bezogen hat, aber am Ende ein schuldenfreies Haus hinterlässt. Der Sozialhilfeträger kann dann unter Umständen Kosten vom Nachlass zurückfordern. Daher ist es ratsam, beim zuständigen Sozialamt oder Rententräger nachzufragen, ob Ansprüche bestehen – und zwar bevor man den Nachlass verteilt oder sich sicher wähnt.

Ansonsten rate ich im Punkt Schulden immer dazu, **schnell zu handeln und dabei freundlich und seriös aufzutreten.** Die meisten Gläubiger lassen mit sich reden und stellen ihre Forderungen bei höflicher Nachfrage auch gern für einige Wochen zurück, denn sie haben oft Verständnis dafür, dass der Nachlassbestand erst ermittelt werden muss.

Ich habe in meiner langjährigen Erfahrung diesbezüglich nur gute Erfahrungen gemacht: Ich kontaktiere die Gläubiger immer schnellstmöglich, teile ihnen den aktuellen Sachstand mit und bitte um eine großzügige Frist. Und ich muss sagen: Noch nie wurde mir eine solche verweigert. Also trauen Sie sich! Denn ist dieser Punkt nicht abgehandelt, werden Sie bei einer Nachlassregelung nicht ungehindert weitermachen können. Haben Sie aber alle Informationen zusammen und die Fristen für die Schuldenauszahlungen neu gesetzt, dann können Sie beruhigt mit der 2. Phase starten.

Gedanken zum Mitnehmen

Werden Sie in dieser ersten Phase des Erbens zum Detektiv. Seien Sie akribisch, arbeiten Sie anhand der Checklisten alle Posten ab, die man dem Erbe zurechnen kann. Vergessen Sie auf keinen Fall eine Übersicht der Forderungen oder eventuellen Schulden des Erblassers. Prüfen Sie auch, ob der Verstorbene Sozialleistungen erhalten hat. Denn: Sie als Erbe haften womöglich mit Ihrem Vermögen.

2. Phase – Ordnung schaffen: Was gehört zum Erbe?

In der zweiten Phase erstellen wir das sogenannte Nachlassverzeichnis, also eine Liste mit allen Aktiva und Passiva zum Todeszeitpunkt des Erblassers. Wir können es auch als Resümee bezeichnen, das Sie auf Grundlage der in ersten Phase ermittelten Fakten formulieren. Es dient als Leitfaden für zahlreiche Prozesse: Pflichtteilsberechnungen, Erbschaftsteuererklärungen und natürlich auch für die Auseinandersetzung der Erbengemeinschaft. Es ist meiner Ansicht nach ein absolut unverzichtbares Hilfsmittel bei der Erfassung, Verwaltung und Verteilung eines Erbes.

Damit ist auch klar, warum man so viel Zeit in die erste Phase des Prozesses investieren sollte. Bedenken Sie nur die Fristen für die Schuldenermittlung oder diverse Hürden, die mit einem Vermögen im Ausland einhergehen. Wie schnell auch immer Sie persönlich dabei vorgehen, so sind Sie doch stets auch von anderen Personen und Institutionen wie Übersetzern, Behörden, Konsulaten et cetera abhängig.

Nachlassauseinandersetzung

Als Nachlassverwalter verfolge ich für eine optimale Nachlassauseinandersetzung ein bestimmtes Vorgehen – und weiß, dass Ermittlungen oft länger dauern als angenommen. Der Gesetzgeber gibt den Erben – nach Annahme des Erbes – für einen Nachlass-Überblick eine Frist von drei Monaten. Bei unkomplizierten Fällen ist es machbar, innerhalb dieser Zeit einen klaren Überblick zu gewinnen, sodass an alle Erben eine Nachlassliste verschickt werden kann, damit die beteiligten Erben diese prüfen und Rückfragen stellen können. So lassen sich eventuelle Unklarheiten klären, wie etwa der Verbleib bestimmter Vermögenswerte.

Aber nicht immer lässt sich alles innerhalb dieser gesetzlich festgelegten Dreimonatseinrede (§ 2014 BGB) klären. Befindet sich ein Vermögen etwa im Ausland oder lassen sich Banken für bestimmte Informationen mehr Zeit als angenommen, wird es eng mit den drei Monaten. In solchen Situationen ist dieser Zeitrahmen für ein vollständiges Nachlassverzeichnis unrealistisch. Aber: Die drei Monate geben Ihnen Zeit, sich einen ersten Überblick zu verschaffen und festzustellen, ob der Nachlass überschuldet ist oder eben nicht.

Gut zu wissen

Stellen Sie eine Überschuldung fest, verfahren Sie nach der im vorherigen Abschnitt dargestellten Checkliste »Schulden & Co.«. Ist der Nachlass unübersichtlich und Sie wissen nicht, was alles dazugehört, können Sie eine rechtliche Nachlassverwaltung beantragen. Sie sorgt dann dafür, dass eventuelle Gläubiger nur aus dem Nachlass (und nicht aus Ihrem Vermögen) bedient werden.

Wenn man alle Fakten kennt und alle Informationen vorliegen, dann lässt sich das Nachlassverzeichnis fast wie eine Tabelle ausfüllen. Die Vorteile liegen dabei auf der Hand: Für die Erben ist es ein übersichtliches Dokument, das schwarz auf weiß aufzeigt, was an Vermögen da ist, welche Schulden noch offen sind und welche Verpflichtungen mit der Übernahme eines Erbes einhergehen würden. **Sie persönlich hingegen halten mit dem Nachlassverzeichnis eine Grundlage in der Hand, auf der Sie alle weiteren Entscheidungen bezüglich der Aufteilung des Erbes treffen können.**

Und hat man erst mal alle Punkte in Form einer Liste vor sich, so kann man zudem einfacher die Vollständigkeit der Liste beurteilen. Natürlich lässt sich nie ausschließen, dass hier und da unerwartete Informationen hinzukommen. Die können dann allerdings deutlich einfacher einsortiert und schneller abgearbeitet werden. Unabhängig davon, dass ein Nachlassverzeichnis also in jedem Erbfall Sinn ergibt, ist es in vielen Fällen auch rechtlich erforderlich. Kurz gesagt: Es ist das juristische Fundament dafür, dass Ansprüche korrekt berechnet, Steuern erhoben und auch Erbstreitigkeiten vermieden werden können.

Das Nachlassverzeichnis

Das Nachlassverzeichnis ist nichts anderes als eine **Gegenüberstellung des Vermögens und der Schulden einer verstorbenen Person am Tag ihres Todes.** Wir sprechen hierbei also von einer Art Bilanz zum Todestag hin. Damit ist auch klar, warum das Nachlassverzeichnis ein so wichtiges Instrument der Nachlassverwaltung ist: Es liefert uns eine genaue Aufstellung aller verfügbaren, also noch aktiven Vermögenswerte (= Aktiva) und erlaubt einen Abgleich dieser mit den noch zu zahlenden Beträgen (= Passiva) aus dem vorhandenen Nachlass. So können wir genau bestimmen, wie hoch das Erbe jedes Einzelnen nach Abzug aller Posten tatsächlich ist. Das sorgt für Sicherheit bei den Mitgliedern der Erbengemeinschaft, die nicht mehr ins Blaue hinein hoffen müssen. Mit dem Nachlassverzeichnis schaffen Sie Gewissheit.

Damit haben Sie vermutlich schon erraten, dass wir uns mit der Erstellung des Nachlassverzeichnisses mitten in der zweiten Phase unseres Fünf-Phasen-Plans befinden: Für die Anfertigung müssen wir genau wissen, wie die finanzielle Lage der verstorbenen Person zum Zeitpunkt ihres Todes war. Und hier kommt Ihnen Ihre bisherige sorgsame Recherche- und Dokumentationsarbeit zugute. Sie müssen nur noch auswählen, welche Informationen Sie im Falle des Nachlassverzeichnisses benötigen.

Bevor wir uns dem Nachlassverzeichnis selbst widmen, sollten Sie sich vor Augen führen, dass kein Nachlassverwalter um dieses Dokument herumkommt.

Lassen Sie uns kurz darauf schauen, wann es verlangt wird:

1. **Erbschein**
   Wenn Sie einen Erbschein benötigen, müssen Sie dem Nachlassgericht eine Angabe über den Wert des Nachlasses machen und festhalten, was der Verstorbene (Erblasser) zum Zeitpunkt seines Todes besessen oder welche Schulden er hat.

2. **Pflichtteilsansprüche**
   Hier kommt das BGB ins Spiel, genauer gesagt § 2314 Abs. 1. Er hält für Pflichtteilsberechtigte, etwa enterbte Personen, das Recht auf ein vollständiges Nachlassverzeichnis fest. Ja, Sie haben richtig gelesen: Auch enterbte Personen haben in der Regel Anspruch auf einen Pflichtteil und zwar dann, wenn sie zum engen Kreis der Pflichtteilsberechtigten (wie Kinder, Enkel, Ehepartner) zählen. Neben Vermögen und Schulden muss das Nachlassverzeichnis übrigens auch Schenkungen der vergangenen zehn Jahre beinhalten.

3. **Konflikte in der Erbengemeinschaft**
   Streit im Erbfall kommt nicht selten vor. Das Nachlassverzeichnis sorgt hier bei allen Beteiligten für Transparenz.

4. **Testamentsvollstreckung**
   Auch hier sorgt das Nachlassverzeichnis für die nötige Klarheit und verhindert Konflikte.

5. **Vor- und Nacherbschaft**
   Nicht ganz unkompliziert, aber durchaus denkbar. Und auch hier ist das Nachlassverzeichnis unabdingbar. Bestimmt ein Erblasser, dass sein Erbe zunächst an einen Vorerben fließt, legt aber gleichzeitig fest, dass es zu einem bestimmten Zeitpunkt an einen Nacherben gehen muss, dann ist das Nachlassverzeichnis die Grundlage für die Erbmasse. Geregelt wird das Ganze über § 2130 BGB.

Auszug § 2215 BGB

Bürgerliches Gesetzbuch (BGB) § 2215 Nachlassverzeichnis

(1) Der Testamentsvollstrecker hat dem Erben unverzüglich nach der Annahme des Amts ein Verzeichnis der seiner Verwaltung unterliegenden Nachlassgegenstände und der bekannten Nachlassverbindlichkeiten mitzuteilen und ihm die zur Aufnahme des Inventars sonst erforderliche Beihilfe zu leisten.

(2) Das Verzeichnis ist mit der Angabe des Tages der Aufnahme zu versehen und von dem Testamentsvollstrecker zu unterzeichnen; der Testamentsvollstrecker hat auf Verlangen die Unterzeichnung öffentlich beglaubigen zu lassen.

(3) Der Erbe kann verlangen, dass er bei der Aufnahme des Verzeichnisses zugezogen wird.

(4) Der Testamentsvollstrecker ist berechtigt und auf Verlangen des Erben verpflichtet, das Verzeichnis durch die zuständige Behörde oder durch einen zuständigen Beamten oder Notar aufnehmen zu lassen.

(5) Die Kosten der Aufnahme und der Beglaubigung fallen dem Nachlass zur Last.

(Quelle: Bundesamt für Justiz)

Gesetzliche Grundlagen

Die Verpflichtung zur Erstellung eines Nachlassverzeichnisses kann sich dabei aus verschiedenen gesetzlichen Vorschriften im deutschen Recht ergeben. Hier habe ich in aller Kürze die wesentlichen Grundlagen mit Auszügen für Sie zusammengetragen:

1. Bürgerliches Gesetzbuch (BGB)

§ 2314 BGB – Auskunftspflicht des Erben

- Ein Pflichtteilsberechtigter kann vom Erben die Erstellung eines Nachlassverzeichnisses verlangen.
- Der Erbe ist verpflichtet, ein vollständiges Verzeichnis des gesamten Nachlasses vorzulegen, das auf Wunsch auch durch einen Notar erstellt werden kann.
- Das Verzeichnis umfasst sowohl den aktiven Nachlass (Vermögenswerte) als auch den passiven Nachlass (Schulden).

§ 2027 BGB – Auskunftspflicht des Erbschaftsbesitzers

- Ein Erbe ist verpflichtet, den Nachlass ordnungsgemäß zu verwalten und zu sichern.
- Die Erstellung eines Nachlassverzeichnisses kann ein Teil dieser Sicherungsmaßnahmen sein, insbesondere wenn Gläubiger oder andere Berechtigte ihre Ansprüche geltend machen.

§ 1993 BGB – Inventarerrichtung

- Bei Annahme der Erbschaft hat der Erbe für die ordnungsgemäße Verwaltung zu sorgen.
- Zur Übersicht über den Nachlass kann die Erstellung eines Nachlassverzeichnisses erforderlich sein, um die Nachlasswerte zu sichern.

§ 260 BGB – Auskunft durch Verzeichnis

- Im Rahmen eines gerichtlichen Verfahrens kann ein Pflichtteilsberechtigter oder ein Gläubiger die Vorlage eines Nachlassverzeichnisses vom Erben verlangen.
- Der Erbe muss die Angaben zu den Nachlasswerten und Schulden umfassend und wahrheitsgemäß machen.

2. Notarielle Verpflichtungen (Beurkundungsgesetz und BGB)

§ 2314 Abs. 1. S. 3 BGB – Notarielles Nachlassverzeichnis

- Auf Verlangen des Pflichtteilsberechtigten muss ein Nachlassverzeichnis von einem Notar erstellt werden.
- Der Notar hat die Pflicht, den Nachlass umfassend zu ermitteln und die Angaben zu prüfen.

3. Steuerrechtliche Pflichten

§ 30 Erbschaftsteuer- und Schenkungsteuergesetz (ErbStG) – Anzeige des Erwerbs

- Erben sind verpflichtet, den Erwerb des Nachlasses innerhalb von drei Monaten nach Kenntnis beim Finanzamt anzuzeigen.
- Für die Steuererklärung kann es notwendig sein, ein Nachlassverzeichnis zu erstellen, um die Steuerbemessungsgrundlage zu ermitteln.

§ 31 ErbStG – Mitwirkungspflichten der Erben

- Das Finanzamt kann von den Erben die Vorlage eines Verzeichnisses über den gesamten Nachlass verlangen, um die Steuer korrekt festzusetzen.

4. Weitere Verpflichtungen

§ 1975 BGB – Haftung des Erben

- Erben haften grundsätzlich für die Nachlassverbindlichkeiten.
- Um die Haftung auf den Nachlass zu beschränken, kann es erforderlich sein, ein Nachlassverzeichnis zu erstellen und bei Gericht einzureichen. Auf Antrag des Erben kann ein Nachlassverwalter bestellt werden.

§ 2215 BGB – Verpflichtung des Testamentsvollstreckers

- Ein Testamentsvollstrecker muss ein Nachlassverzeichnis erstellen, das den Bestand des Nachlasses zum Zeitpunkt der Übernahme der Verwaltung darstellt.

5. Verpflichtungen im Insolvenzrecht

§ 315 ff. InsO – Nachlassinsolvenzverfahren

- Im Falle einer Nachlassinsolvenz müssen die Erben ein Verzeichnis über die Aktiva und Passiva des Nachlasses erstellen, um die Insolvenzmasse zu bestimmen.

Ein Nachlassverzeichnis kann dabei entweder eine private Urkunde oder ein öffentliches Dokument sein, je nachdem, wer es erstellt und wie es dokumentiert ist: Haben wir es mit einem Nachlassverzeichnis als Privatkunde zu tun, so geht es um ein Dokument, das von einem Erben angefertigt beziehungsweise in Auftrag gegeben wird. Es enthält dann eine Aufführung des gesamten Nachlasses (Vermögenswerte und Verbindlichkeiten), die beispielsweise in Form einer handschriftlich oder digital erstellten Liste über Vermögensgegenstände, Immobilien, Konten und Schulden vorliegen muss. Diese Liste dient als Grundlage für Auskunftspflichten, etwa gegenüber Pflichtteilsberechtigten (§ 2314 BGB). Ein privates Nachlassverzeichnis hat aber keine Beweiskraft im Sinne einer öffentlichen Urkunde. Es basiert allein auf den Angaben des Erben und wird nicht unabhängig überprüft. Pflichtteilsberechtigte können aus diesem Grund auch ein notariell erstelltes Nachlassverzeichnis verlangen.

Das Nachlassverzeichnis als öffentliches Dokument haben wir erst dann vorliegen, wenn es von einer dazu befugten Person, wie einem Notar, erstellt wird: einem notariellen Nachlassverzeichnis (§ 2314 BGB). Der Unterschied zu einem privaten Nachlassverzeichnis liegt darin, dass hierbei der Notar den Nachlass dokumentiert und die Angaben des Erben so weit wie möglich überprüft. Zu diesem Zweck betreibt er eigene Nachforschungen wie die Überprüfung der Grundbücher, Kontostände oder Verträge. Solch ein notariell erstelltes Nachlassverzeichnis ist eine öffentliche Urkunde mit höherer Beweiskraft. Daher kann sie zwecks Durchsetzung von Pflichtteilsansprüchen oder zur Klärung komplexer Nachlassstrukturen herangezogen werden. Besonders Pflichtteilsberechtigte oder andere Beteiligte können demnach immer dann ein notarielles Nachlassverzeichnis verlangen, wenn die Beweiskraft eines privaten Verzeichnisses etwa für das Finanzamt nicht ausreicht.

Was gehört in ein Nachlassverzeichnis?

Ein Nachlassverzeichnis hat den Charakter einer Bilanz, es ist also grundsätzlich eine Aufstellung von Haben- und Soll-Beträgen. Was aber zählt rechtlich in einem Nachlass als Guthaben und was als Schuld? Auch hier gilt wieder: Jeder Erbschaftsfall muss individuell behandelt werden, auch wenn es um die Auflistung der Aktiva und Passiva eines Erblassers geht. Dennoch gibt es bestimmte Themen, die auf die eine oder andere Weise fast jede Person im Laufe ihres Lebens betreffen. Wenn Sie also nach einer groben Orientierung suchen, dann können Sie davon ausgehen, dass Sie in ein Nachlassverzeichnis je nach Fall Folgendes aufnehmen müssen:

- Kontostände und Saldenbestätigungen der Bank(en) zum Todestag
- Nachweise über vorhandenes Bargeld gegebenenfalls mit Bildern und Zeugennachweisen
- Nachweise über Geschäftsanteile
- Forderungen aus Verrechnung der Versicherungsleistung
- Forderung GEZ
- Rentenforderungen
- Erwerbsgeschäfte
- Fahrzeuge, Schmuck, Wertgegenstände
- Rechnungen, die vor dem Todestag entstanden sind
- vom Erblasser verursachte Schulden (= Erblasserschulden)
- Verbindlichkeiten aus Vermächtnissen und Pflichtteilen
- Beerdigungskosten (= Erbfallschulden)
- Ersatzansprüche
- Verbindlichkeiten aus Darlehen, Verträgen, Grundschulden und Hypotheken
- Miet- und/oder Vermieterkosten

Nicht in ein Nachlassverzeichnis gehören hingegen:

- laufende Einnahmen wie Mieteinnahmen, Grundsteuer, Wasser, Strom sowie
- Jahresabrechnungen aus Strom und Nebenkostenabrechnungen.

Diese Posten sind Einnahmen, die nach dem Tod des Erblassers generiert werden und zum Stichtag (Todestag) eben nicht mehr zum Nachlass gehören.

Es ist meistens relativ gut ersichtlich, was sich als Vermögen der verstorbenen Person oder als noch offene Schuld einsortieren lässt. Besondere Obacht ist allerdings bei den Rentenzahlungen, den anteiligen Versicherungsbeiträgen sowie einigen weiteren Punkten geboten: So müssen etwa die vierteljährlich zu zahlenden GEZ-Gebühren und alle Versicherungsbeiträge auf den Todestag genau berechnet werden. Alle überschüssig im Voraus bezahlten Beträge landen dann in der Auflistung der Aktiva. Sie müssen von den entsprechenden Institutionen anteilig zurückerstattet werden. Bei der Einkommensteuervorauszahlung haben wir es mit einem Betrag zu tun, der jährlich im Voraus bezahlt werden muss. Folglich erhalten wir auch hier den Teil der Summe zurück, der für den Zeitraum nach dem Todestag des Erblassers bis zum Ende des Jahres schon vorliegt – ein weiterer Haben-Wert, der anteilig berechnet werden muss.

Wie wird ein Nachlassverzeichnis angelegt?

Von der Grundstruktur her ist ein Nachlassverzeichnis eine detaillierte Liste. Beachten müssen wir dabei nur, wie genau wir das Vermögen einer verstorbenen Person auflisten. Meine Empfehlung: Planen Sie im Nachlassverzeichnis für jeden Nachlassgegenstand, also jedes Bankkonto, jeden Wertgegenstand und jede Immobilie, eine eigene Zeile ein. Ich bezeichne sie gern als »Konto« – meine damit aber nicht das Konto bei der Bank.

Machen Sie nicht den Fehler und legen zusammenfassend für die Art des Nachlassgegenstandes eine Zeile an, in der Sie Einzelbeträge aus zum Beispiel verschiedenen Bankkonten als ein Bankguthaben summieren. Das könnten Sie zwar machen, es würde Ihnen jedoch bei Ihrem weiteren Vorgehen nicht weiterhelfen. In einem Nachlassverzeichnis brauchen Sie zwecks Übersichtlichkeit für jeden Nachlassgegenstand einen eigenen Posten beziehungsweise ein eigenes »Konto« in der Liste.

Tipp: Achten Sie bei den Posten zu den Bankkonten unbedingt darauf, ob eventuell Mitgliedschaftskonten (zum Beispiel Tennisverein, Partei oder Ähnliches) vorhanden sind, denn diese tauchen in Saldenbestätigungen nicht auf. Sie können dazu aber Auskünfte bei der entsprechenden Bank einfordern.

Bei Grundvermögen, also Immobilien, steht das »Konto« für den Grundbuchauszug. Ich empfehle hier, jeweils einen Posten pro Grundbuchauszug statt pro Immobilie anzulegen. Haben wir zum Beispiel einen Grundbuchauszug mit fünf verschiedenen Immobilien, dann erstellen wir dafür nur ein »Konto« in unserem Nachlassverzeichnis. Haben wir hingegen fünf Grundbücher mit je einer Immobilie, dann erstellen wir dafür fünf separate »Konten«.

In Bezug auf den Wert, den wir dem jeweiligen »Konto« dann zuordnen, müssen wir vorsichtig sein. Denn hier gibt es unterschiedliche gesetzliche Anforderungen für Erbengemeinschaften sowie für Pflichtteilsberechtigte. Einen ersten Überblick über diese Anforderungen findet man etwa auf der Website des Bundesministeriums für Justiz und Verbraucherschutz. In unserem Zusammenhang ist besonders das Nachlassverzeichnis für die Erbengemeinschaft relevant, also jene Auflistung, die die Erbengemeinschaft anfertigt, auf deren Grundlage später die Auseinandersetzung betrieben wird. Daher gehen wir gleich ausführlicher darauf ein. Das Nachlassverzeichnis für Pflichtteilsberechtigte behandeln wir anschließend nur so weit, als es für die Erbengemeinschaft im Falle der Pflichtteilsansprüche relevant sein könnte.

Es besteht unter Miterben keine grundsätzliche Pflicht zur Wertermittlung innerhalb der Erbengemeinschaft. Ich empfehle aber ausdrücklich, die einzelnen Werte zu ermitteln, um spätere Missverständnisse und Konflikte innerhalb der Erbengemeinschaft zu vermeiden. Dazu nutzen Sie am besten die folgende Checkliste zur Wertermittlung für Nachlassgegenstände. Sie leitet Sie durch eine strukturierte Vorgehensweise, um Werte realistisch und nachvollziehbar zu ermitteln:

Checkliste Nachlassverzeichnis

1. **Immobilien**
   - *Marktwertanalyse durch Makler:* Beauftragen Sie lokale Makler, um eine Marktwertschätzung zu erhalten. In der Regel ist eine solche Einwertung kostenlos.
   - *Verkehrswertgutachten durch Sachverständige:* Lassen Sie den Wert der Immobilie durch einen zertifizierten Gutachter (zum Beispiel DEKRA, TÜV) ermitteln.
   - *Online-Immobilienbewertung:* Nutzen Sie Plattformen wie Immowelt, Immobilienscout24 oder Homeday für kostenlose oder kostengünstige Bewertungen.
   - *Zusätzliche Faktoren beachten:* Zustand der Immobilie (Renovierungsbedarf, Modernisierungen et cetera) sowie Lage und aktuelle Marktsituation im Blick behalten

2. **Fahrzeuge**
   - *Online-Bewertung:* Nutzen Sie Tools wie DAT, Schwacke oder mobile.de, um den Marktwert eines Fahrzeugs zu ermitteln.
   - *Sachverständige oder Gutachter:* Beauftragen Sie einen Gutachter (zum Beispiel DEKRA oder Kfz-Sachverständigenbüro). Dies ist vor allem bei Oldtimern oder beschädigten Fahrzeugen ratsam.
   - *Liebhaberwert:* Bei seltenen Fahrzeugen oder Oldtimern können Auktionsplattformen wie Classic Trader oder spezielle Foren zur Orientierung dienen.

3. **Schmuck**
   - *Schätzung durch Experten:* Lassen Sie Schmuck von einem Juwelier oder Edelsteinexperten begutachten. Fachleute können sowohl den Materialwert (Gold, Silber, Edelsteine) als auch den eventuellen Liebhaberwert ermitteln.
   - *Onlinetools für grobe Einschätzungen:* Plattformen wie Gold.de oder Degussa bieten Kalkulatoren für Edelmetallwerte an.
   - *Zusätzliche Bewertungskriterien:* Alter, Seltenheit und Herkunft des Schmuckstücks (zum Beispiel Vintage- oder Designerschmuck) sowie Zertifikate oder Nachweise über Edelsteine (zum Beispiel GIA-Zertifikat) überprüfen

4. **Gesellschaftsanteile und Beteiligungen**
   - *Unternehmensbewertung:* Beauftragen Sie Wirtschaftsprüfer oder Steuerberater, um den Wert der Beteiligung anhand gängiger Verfahren (zum Beispiel Ertragswertverfahren, Substanzwertverfahren) zu ermitteln.
   - *Verträge prüfen:* Überprüfen Sie Gesellschaftsverträge oder Vereinbarungen, die Regelungen zur Wertermittlung enthalten können (zum Beispiel Abfindungsklauseln).
   - *Marktvergleich:* Vergleichen Sie ähnliche Unternehmen in der Branche, um eine Orientierung über den Marktwert zu erhalten.

5. **Möbel und Antiquitäten**
   - *Schätzung durch Experten:* Beauftragen Sie Antiquitätenhändler oder Auktionshäuser für eine professionelle Bewertung.
   - *Online-Recherche:* Nutzen Sie Plattformen wie eBay, Catawiki oder Etsy, um vergleichbare Stücke zu finden und Marktpreise einzuschätzen. Achten Sie dabei auf Zustand, Seltenheit und historische Relevanz.
   - *Liebhaberwert:* Der Wert von Antiquitäten kann stark vom Käufer abhängen. Auktionsplattformen oder spezialisierte Sammlerforen können da realistische Preise anzeigen.

6. **Nachlassgegenstände in der Wohnung**
   - *Wertkategorien erstellen:* Trennen Sie Gegenstände nach Alltagsgegenständen (niedriger bis kein Wert) und potenziellen Sammlerstücken (höherer Wert). Beispiele: Haushaltsgeräte, Bücher, Porzellan, Dekorationsartikel et cetera.
   - *Online-Preisermittlung:* Verwenden Sie Plattformen wie Kleinanzeigen, eBay oder Quoka, um durchschnittliche Verkaufspreise einzusehen.
   - *Sammlerwert beachten:* Suchen Sie dazu gezielt nach Spezialbörsen oder Sammlerplattformen (zum Beispiel für Briefmarken, Münzen, Spielzeug).

7. **Allgemeine Tipps zur Wertermittlung**
   - *Dokumentation:* Halten Sie alle Bewertungen schriftlich fest, um für alle Beteiligten Transparenz zu schaffen.
   - *Mehrere Meinungen einholen:* Lassen Sie für eine realistische Bewertung wichtige Gegenstände von mehreren Experten schätzen.

- *Steuerliche Aspekte einbeziehen:* Beachten Sie, dass bestimmte Bewertungen für die Erbschaftsteuer relevant sind (zum Beispiel der Immobilienverkehrswert).
- *Verwendung von Auktionsplattformen:* Beobachten Sie Auktionen auf Plattformen wie Catawiki, eBay, Classic Trader oder in spezialisierten Auktionshäusern, um realistische Liebhaberwerte zu erkennen.

Exkurs: Wahre Schätze?

Besonders wichtig an dieser Stelle: Die schönsten Bewertungen sagen selten oder nichts über die realistisch zu erzielenden Kaufpreise aus. So kann es sein, dass eine Kommode der Erblasserin besonders hochwertig ist – wenn sich hierfür jedoch kein Käufer findet, dann hilft mir kein Gutachten. Auch brauche ich dann mit den anderen Erben nicht zu streiten, denn kein Käufer = kein Kaufpreis. Dann bleibt die Möglichkeit »Zeit«: gegebenenfalls einlagern und später anbieten. Oder ein Erbe möchte es zum geschätzten Preis übernehmen. Wir entdecken immer wieder echte »Schätze« in Form von Teppichen, Pelzen, Möbelstücken – alle wunderschön und laut Schätzern wertvoll. Vor einigen Jahren konnten wir nahezu alles in Auktionshäusern versteigern, doch heutzutage gestaltet sich die Suche nach Käufern als äußerst schwierig – es sei denn, es handelt sich um wirklich besondere Stücke.

Viele Teppiche und Antiquitäten müssen wir leider oft entsorgen, da sowohl Auktionshäuser als auch Flohmarkthändler kaum noch Interesse zeigen. Selbst für ansprechende Porzellansets ist der Markt problematisch. Ein Beispiel dafür war ein Fall, bei dem ein Auktionshaus anfänglich an wertvollen Möbeln interessiert war, dann aber Corona ausbrach und der Verkauf hinausgezögert wurde. Trotz Preisreduzierungen blieben viele Möbel unversteigert, was die Erben sehr enttäuschte.

Wir können jedoch keinen Einfluss auf den Markt nehmen. Es gibt zwar Möglichkeiten, über Plattformen wie Immobilienscout24 oder durch Anfragen bei verschiedenen Auktionshäusern zu verkaufen, doch wenn kein Interesse besteht, spielt der vermeintliche Wert, der vielleicht in einem Gutachten angegeben wurde, eine untergeordnete Rolle. Oft sind wir gezwungen, Dinge schweren Herzens für wenig Geld abzugeben oder sie sogar zu entsorgen, da die Lagerkosten zu hoch werden.

Das betrifft auch Bilder und Kunstwerke, die oft nur von Liebhabern geschätzt werden. Wenn ein Künstler gerade nicht im Trend liegt, lässt sich dessen Werk, unabhängig vom einstigen Preis, kaum verkaufen. Wir hatten Teppiche, die mehrere Tausend Mark wert waren, die wir aber letztendlich entsorgen mussten. Die Erben haben häufig eine falsche Vorstellung vom Wert des Nachlasses.

Ein wichtiger Punkt im Nachlassverzeichnis sind darüber hinaus die offenen Forderungen – jedoch nicht die gegenüber der verstorbenen Person, sondern gegenüber Dritten. Wir befinden uns damit also noch immer im Bereich der Aktiva, folglich dem, was als Guthaben in der Gegenüberstellung des Nachlasses aufgeführt werden muss. Dazu gehören je nach Fall, wie schon erwähnt, Rückerstattungsansprüche aus Versicherungsbeiträgen, GEZ-Gebühren, etc. oder auch Schulden, die gegenüber dem Erblasser noch nicht zurückgezahlt wurden. Und falls dabei Forderungen oder sonstige Vermögenswerte noch streitig sind, dann muss dies mit dem Hinweis auf die noch ungeklärte Rechtslage auf jeden Fall ins Verzeichnis aufgenommen werden.

Ebenfalls zu den Aktiva zählen alle Wertgegenstände wie zum Beispiel Schmuck oder Fahrzeuge. Dabei katalogisieren wir Schmuckstücke samt Bildern und fügen bei Bedarf eine Wertermittlung hinzu. Bei Fahrzeugen können wir ein Gutachten nutzen, um eine Wertbestimmung für das Nachlassverzeichnis zu erhalten.

Doch auch hier ist Vorsicht geboten: Das Gutachten ist wie im Fall der Immobilie ein Richtwert, den wir nicht als tatsächlichen Verkaufspreis des Fahrzeugs behandeln wollen. Auf dem Markt kann dieser immer über- oder unterboten werden. Das müssen wir stets im Hinterkopf behalten. Achten Sie außerdem darauf, dass das Gutachten nicht nur den Händlerwert auszeichnet, sondern auch den geschätzten Marktwert. Denn der Händlerwert liegt deutlich unter dem Marktwert eines Fahrzeugs an Endverbraucher und kann so Ihre Bilanz verfälschen.

Diesen positiven Beträgen stellen Sie in Ihrem Nachlassverzeichnis nun die negativen entgegen. Der Bereich der Passiva ist in den meisten Fällen offensichtlich: Hier nehmen wir alle offenen Rechnungen und

Arztkosten auf, die Grundschulden, die Wasser- und Abwassergebühren, die Bestattungskosten – einfach alle Zahlungen, die noch nicht geleistet wurden oder die die verstorbene Person aber noch schuldig geblieben ist. Hierbei reden wir ausschließlich von bereits feststehenden Beträgen. Es geht also nicht um Kosten, die irgendwann in Zukunft auftauchen können, laufende Kosten für Strom und Wasser beispielsweise, sondern um solche, die vor dem Todestag des Erblassers bereits fällig oder vorgemerkt waren.

Liegt ein Testament vor, dann können daraus auch die Beträge der Vermächtnisse und der Pflichtansprüche übernommen werden. Bei Hypotheken und Grundschulden müssen wir im Hinblick auf das Nachlassverzeichnis aber achtgeben: Ob die Grundschuld beliehen ist oder nicht, lässt sich aus den entsprechenden Grundbucheinträgen nicht ermitteln.

Tipp: Wir brauchen für das Nachlassverzeichnis also nicht die Höhe der eingetragenen Grundschuld, sondern der tatsächlichen Belastung und damit des Darlehens hinter dieser Grundschuld.

Liegt beispielsweise eine eingetragene Grundschuld von 50 000 Euro bei einer Belastung von 0 Euro vor, also ein abbezahltes Darlehen, dann müssen wir in unserer Bilanz einen entsprechenden Posten anlegen, den Eintrag über 50 000 Euro vermerken, diesen aber mit dem Wert 0 versehen. Dieser Schritt erfolgt, damit ersichtlich ist, dass es eine formelle Belastung gibt und diese noch zu löschen ist, dass aber kein Darlehen mehr »dahinter steht«.

Wie genau das dann im Detail aussehen kann, soll Ihnen das folgende Muster eines Nachlassverzeichnisses verdeutlichen. Damit können Sie Konto für Konto genau prüfen, welche Beträge eingetragen werden müssen. Beachten Sie nur, dass stets der Stand des Vermögens am Todestag statt der aktuellen Werte relevant ist.

Muster Nachlassverzeichnis

Nachlass des/der Verstorbenen:
Name: [Vor- und Nachname]
Geburtsdatum: [Geburtsdatum]
Sterbedatum: [Sterbedatum]
Nachlassgericht: [Amtsgericht]
Aktenzeichen: [gegebenenfalls Aktenzeichen der Nachlassakte]
Stand: [Datum der Erstellung des Verzeichnisses]

1. Aktiva (Vermögenswerte)

1.1. Bankguthaben
- 1. Konto: [Name der Bank, IBAN], Guthaben zum Todestag: [Betrag in €]
- 2. Konto: [Name der Bank, IBAN], Guthaben zum Todestag: [Betrag in €]

1.2. Immobilien
- 1. Immobilie: [Adresse, Flurstücknummer, Grundbuchblattnummer], Verkehrswert: [Betrag in €]
- 2. Immobilie: [Adresse et cetera], Verkehrswert: [Betrag in €]
- Lösungsvorschlag: Wertgutachten oder Marktwertanalyse einholen.

1.3. Fahrzeuge
- 1. Fahrzeug: [Marke/Modell, Baujahr, Kilometerstand], geschätzter Wert: [Betrag in €]
- Lösungsvorschlag: Bewertung durch Kfz-Gutachter oder Onlinetools wie Schwacke/Liste.

1.4. Schmuck und Wertgegenstände
- Goldkette: [Gewicht und Material], geschätzter Wert: [Betrag in €]
- Uhr: Marke & Modell [Modellbezeichnung], geschätzter Wert: [Betrag in €]
- Lösungsvorschlag: Wertschätzung durch Juwelier oder Sachverständigen.

1.5. Gesellschaftsanteile und Beteiligungen
- GmbH-Beteiligung: [Gesellschaft, Prozentsatz der Beteiligung], geschätzter Wert: [Betrag in €]
- Lösungsvorschlag: Steuerberater oder Wirtschaftsprüfer für Unternehmensbewertung hinzuziehen.

1.6. Lebensversicherungen

- 1. Versicherung: [Versicherungsgesellschaft, Vertragsnummer], Rückkaufswert: [Betrag in €]

1.7. Sonstiges Vermögen

- Bargeld: [Betrag in €]
- Antiquitäten: [Beschreibung], geschätzter Wert: [Betrag in €]
- Kunstwerke: [Künstler, Titel, geschätzter Wert in €]

2. Passiva (Verbindlichkeiten)

2.1. Schulden

- Hypothek: [Bank, Immobilienobjekt], Restschuld zum Todestag: [Betrag in €]
- Konsumentenkredit: [Bank, Vertragsnummer], Restschuld: [Betrag in €]
- Sonstige Bankverbindlichkeiten: negatives Girokonto

2.2. Beerdigungskosten

- Bestatter: [Name, Adresse], Rechnungssumme: [Betrag in €]
- Grabpflegekosten: [geschätzter Betrag in €]

2.3. Steuerverbindlichkeiten

- Einkommensteuer: offene Beträge aus Vorjahren: [Betrag in €]
- Erbschaftsteuer (falls bereits geschätzt): [Betrag in €]

2.4. Sonstige Verbindlichkeiten

- Mietrückstände: Vermieter [Name, Adresse], offene Beträge [Betrag in €]
- Offene Rechnungen: [Betrag in €]

3. Anmerkungen und Besonderheiten

- Schenkungen der letzten zehn Jahre: [Beschreibung der Schenkung, Empfänger, Datum, Wert in €] (nur relevant bei Pflichtteilsergänzungsansprüchen)
- Besonderheiten bei Bewertung: Für unklare Vermögenswerte (zum Beispiel Liebhaberwerte bei Antiquitäten) wird ein Fachgutachten empfohlen.
- Verwahrungsort von Unterlagen: Alle Nachlassunterlagen befinden sich in [Ort der Unterlagen, zum Beispiel Schließfach, Ordner].

Unterschrift des/der Erben:

[Name, Datum]

Zusätzlich zu diesem Muster-Nachlassverzeichnis gebe ich Ihnen außerdem folgende wertvolle Praxistipps an die Hand, die Ihnen bei der Erstellung des Dokumentes von Nutzen sein werden:

- **Sorgfältige Dokumentation**
  Listen Sie sämtliche Vermögenswerte sowie Verbindlichkeiten vollständig und korrekt auf.
- **Externe Unterstützung**
  Ziehen Sie Experten hinzu (zum Beispiel Steuerberater, Gutachter, Makler), um genaue Werte zu ermitteln.
- **Transparenz**
  Stellen Sie sicher, dass alle Erben Zugang zu den Informationen haben.
- **Regelmäßige Aktualisierung**
  Halten Sie das Nachlassverzeichnis immer auf dem neuesten Stand indem Sie nachträgliche Informationen ergänzen oder Bewertungsänderungen hinzufügen.

Zum Schluss nun noch einige Hinweise zu einzelnen Punkten des Nachlassverzeichnisses: Haben Sie es mit einem Nachlass mit Firmenwerten zu tun, ist Obacht geboten: Deren Bewertung erfordert in der Regel die Expertise eines Steuerberaters oder Wirtschaftsprüfers, da hier das Finanzamt spezifische Bewertungsmethoden heranzieht, die auch für die Berechnung der Erbschaftsteuer maßgeblich sind. An dieser Stelle können Sie also keinesfalls mit Schätzwerten arbeiten, sondern müssen sorgfältig ermitteln, sonst drohen unerwünschte Konsequenzen.

Besondere Aufmerksamkeit erfordert auch der Punkt Schenkungen: Grundsätzlich sind Schenkungen bei der Auseinandersetzung des Nachlasses unter den Erben nur dann relevant, wenn bei der Schenkung ausdrücklich festgelegt wurde, dass sie auf den Erbteil angerechnet werden müssen. Fehlt eine solche Bestimmung, bleiben sie bei der Erbauseinandersetzung zunächst außer Betracht. Hier gibt es aber zahlreiche Fallstricke und Besonderheiten zum Beispiel Ausstattungen. Bitte wenden Sie sich an dieser Stelle unbedingt an einen Experten (etwa: Steuerberater, Fachanwalt für Erbrecht), um für Ihre spezielle Situation eine genaue Auskunft über die rechtliche Lage zu erhalten.

Sofern Nachlassvermögen laut vorliegendem Testament unter den Erben verteilt wird, spielen Schenkungen der vergangenen Jahre für das Nachlassverzeichnis keine Rolle. Es sei denn, das Testament entspricht den gesetzlichen Erbquoten. Lediglich wenn ein Pflichtteilsberechtigter Auskunft über die Schenkungen der letzten Jahre wünscht, müssen sie aufgelistet werden – ob die Erben das wollen oder nicht. Bei einer Auseinandersetzung des Nachlasses unter Abkömmlingen nach gesetzlicher Erbfolge sind Zuwendungen des Erblassers nur auszugleichen, wenn dies bei der Zuwendung »mit Ausgleichspflicht« gewährt wurde oder es sich um eine Ausstattung (zum Beispiel einer Hochzeit oder anlässlich einer Existenzgründung) handelt. Das ändert sich jedoch, wenn Pflichtteilsberechtigte ihre Ansprüche erheben. Dann sind auch die Schenkungen der letzten zehn Jahre zu berücksichtigen, da diese in die Pflichtteilsergänzungsansprüche einfließen können. Allerdings: Bei Schenkungen unter Ehepartnern gilt eine andere Regelung. Die Zehnjahresfrist beginnt bei Schenkungen unter Ehegatten erst mit der Eheauflösung, also Scheidung oder Tod. Hat der Ehemann der Ehefrau daher vor 20 Jahren ein Haus geschenkt, dann ist diese Schenkung bei einer Berechnung der Pflichtteilsansprüche zu berücksichtigen – ein Umstand, dessen sich viele Erben oft nicht bewusst sind. Auch wenn der Schenker sich das wesentliche wirtschaftliche Eigentum zurückbehalten hat, beginnt die Zehnjahresfrist unter Umständen nicht.

Überschuldeter Nachlass

Haben Sie nun alle Punkte auf unseren Listen abgearbeitet, alle Besitzwerte und alle noch fälligen Ausgaben aufgelistet, dann lässt sich schnell absehen, wie das Verhältnis zwischen diesen beiden Sparten aussieht: Übersteigen die Passiva die Aktiva, sprechen wir von einem überschuldeten Nachlass. Sollten Sie plötzlich vor einem solchen Nachlassverzeichnis sitzen, dann: Achtung! Informieren Sie alle Erben darüber und prüfen Sie, ob diese die Erbschaft ausschlagen wollen oder überhaupt noch können.

Denn die Frist zur Ausschlagung einer Erbschaft beträgt im Inland sechs Wochen und beginnt mit dem Zeitpunkt, zu dem der Erbe von seinem Erbrecht erfährt – im Ausland sind es sechs Monate. Dies ist in der Regel der Tag, an dem offiziell über den Todesfall und die Erbenstellung informiert wurde (zum Beispiel durch das Nachlassgericht oder ein Testament) oder an dem der Person zuzumuten ist, über das Erbrecht Kenntnis gehabt zu haben. Da würde man bei den Kindern vom tatsächlichen Todestag des Erblassers ausgehen. Allerdings gibt es auch hier Ausnahmen: Bei einer öffentlichen Testamentseröffnung beginnt die Frist erst mit der Kenntnisnahme des Erbfalls durch diese, nicht mit dem Todesdatum.

Achtung: Wird die Frist zur Ausschlagung versäumt, gilt die Erbschaft automatisch als angenommen, auch wenn sie überschuldet ist.

Daher müssen Sie unbedingt immer zeitnah handeln: Prüfen Sie sofort, nachdem Sie Kenntnis vom Erbfall erhalten haben, ob die Erbschaft überschuldet sein könnte oder andere Gründe für eine Ausschlagung gegeben sind. Dieser kurze Einblick in den Erstellungsprozess eines Nachlassverzeichnisses soll Ihnen als erste Orientierung und Stütze dienen. Ich bin mir durchaus bewusst, dass diese Fülle an Informationen überwältigend und einschüchternd wirken kann. Und ich stimme Ihnen zu: Die Erstellung eines Nachlassverzeichnisses kann schnell komplex werden – insbesondere bei Pflichtteilsberechtigten oder komplizierten Vermögensverhältnissen.

Die letzten Schritte

Sobald Sie mit dem Nachlassverzeichnis fertig sind, stellen Sie sicher, dass jedes Mitglied einer Erbengemeinschaft ein Exemplar erhält. Damit wird das Erbe für alle Erbberechtigten zum ersten Mal greifbar und vor allem begreifbar. Dies gibt Ihnen auch die Möglichkeit, sich mit den Erben auszutauschen, sie über einzelne Punkte genauer aufzuklären und eventuelle blinde Flecken zu beleuchten, die Sie möglicherweise übersehen haben. Anschließend können Sie die fehlenden Informationen ergänzen und Ihr Nachlassverzeichnis so noch detaillierter gestalten. Außerdem erhält auf diese Weise jedes Mitglied einer Erbengemeinschaft ein aussagekräftiges Dokument, das bereits erste Schätzungen über die jeweiligen Erbanteile erlaubt. Als Stichtag gilt grundsätzlich der Todestag des Erblassers.

Ist das Nachlassverzeichnis geschafft, dann haben Sie den wichtigsten Schritt in Richtung einer erfolgreichen Auflösung der Erbengemeinschaft mit Bravour gemeistert!

Erfahrungsgemäß führt die Vorlage eines Nachlassverzeichnisses bei vielen Erben zunächst zu Verwunderung darüber, weshalb die Bearbeitung so viel Zeit in Anspruch genommen hat. Mir ist bewusst, dass – sobald alle Informationen vollständig und geordnet vorliegen – vieles klarer erscheint und das Gesamtbild vergleichsweise einfach wirkt. Der Weg dorthin ist jedoch oftmals mit erheblichem Aufwand und zahlreichen Fragezeichen verbunden. Die Erstellung eines sorgfältigen und vollständigen Nachlassverzeichnisses erfordert Zeit, Genauigkeit und nicht selten auch die Klärung komplexer Sachverhalte. Daher bitte ich alle Beteiligten um Verständnis für diesen Prozess und um Anerkennung der Mühe, die investiert wurde.

Sollten bei der Durchsicht des Verzeichnisses Unklarheiten auffallen, wäre es hilfreich, diese in sachlicher Form anzusprechen. Konstruktive Hinweise tragen dazu bei, etwaige Unstimmigkeiten zu klären – Vorwürfe helfen an dieser Stelle nicht weiter. Ziel ist es, gemeinsam für Transparenz und Nachvollziehbarkeit zu sorgen.

Ein Beispiel aus der Praxis

Im Rahmen eines Nachlassfalls fand ich in der Wohnung des Erblassers zahlreiche Ordner mit Kontoauszügen, die auf Konten in Deutschland, Österreich und der Schweiz deuteten. Es entstand der Eindruck, dass er bei nahezu jeder großen Bank ein Konto unterhielt. Für eine klarere Sachlage kontaktierte ich mühsam jede einzelne Bank – ein Prozess, der mehr als neun Monate dauerte. Viele Banken reagierten erst nach mehrfacher Erinnerung, häufig zunächst mit negativen Auskünften. Weitere Nachfragen deckten jedoch oft auf, dass die Konten bereits aufgelöst worden waren.

Am Ende zeigte sich, dass der Erblasser nur noch ein aktives Konto hatte. Er hatte über die Jahre ständig Banken gewechselt, kleinere Beträge angelegt und diese später wieder abgezogen. Sein gesamtes Barvermögen hatte er schließlich in eine kleine Immobilie in Italien investiert. Auch wenn der Nachlass letztlich überschaubar war und die Angelegenheit im Nachhinein einfach erschien, war zu Beginn nicht ersichtlich, wie umfangreich die Vermögensverhältnisse wirklich waren.

Die Erben warfen mir zunächst vor, Vermögen übersehen zu haben, und vermuteten ein Bankguthaben von mindestens einer halben Million Euro. Erst dank der sorgfältigen Dokumentation und der Nachweise über Kontoauflösungen sowie den Immobilienkauf konnte ich belegen, was mit dem Geld geschehen war. So klärte sich, dass keine Millionenvermögen vorhanden waren, sondern eine realistische, nachvollziehbare Erbmasse.

Gedanken zum Mitnehmen

Das Nachlassverzeichnis ist ein essenzieller Schritt in einem Erbprozess, fordert aber bezüglich seiner Form die Befolgung gewisser Richtlinien. Toben Sie sich in jedem Fall bei der Vorbereitung zwecks Ihrer detektivischen Fähigkeiten aus und listen alles auf, was zum Erbe gehört. So erhalten Sie einen transparenten Überblick über Haben und Soll, was als Grundlage für Erbschaftsauseinandersetzungen oder steuerliche Belange dient. Ein notarielles Nachlassverzeichnis bietet zusätzlichen rechtlichen Schutz. In unserem Fünf-Phasen-Plan dient das Verzeichnis erst einmal als Zwischenschritt, damit Sie gut gewappnet in die nächste Phase übergehen können: die Verwaltungsphase.

3. Phase – Nachlassverwaltung: Wer kümmert sich um was?

Im Wesentlichen geht es in der dritten Phase darum, wie das Erbe einer Person aufgeteilt werden soll. Sie haben also alle Fakten aus der ersten Phase vorliegen, haben sie – wie im vorangegangenen Kapitel beschrieben – geordnet und in eine übersichtliche Form gebracht. Nun müssen Sie Entscheidungen treffen: *Wer bekommt was? Wer bekommt wie viel?*

Vorausgesetzt, ein Testament liegt vor, dann setzen wir als Testamentsvollstrecker in dieser Phase in erster Linie den letzten Willen eines Erblassers um. Sollte dieser beispielsweise vorsehen, dass die Nachlassimmobilie einer verstorbenen Person an einen Verwandten geht und ihr Bankvermögen an einen anderen, dann ist die dritte Phase der

Moment, in dem ich alle Beteiligten über ihre Erbansprüche informiere, bei Gesprächsbedarf mit ihnen in Verhandlungen trete und bei Übereinkünften die notwendigen Verträge vorbereite.

Natürlich ist die Konstellation einer Erbengemeinschaft nicht immer so einfach. In vielen Fällen liegt auch kein eindeutiges Testament vor. Und manchmal gibt es auch nur eine Erbfolge mit Anteilen, bei der sich ein Nachlass nicht wie bei einer Geldsumme in mehrere gleich große Geldbeträge aufteilen lässt.

Das ist besonders bei Immobilien oder Grundstücken der Fall. Hierbei kann nicht einfach bestimmt werden, wem dieses Zimmer gehört, wem jene Tür zusteht oder wer über welchen Quadratmeter bestimmen darf. Und dennoch gehört jedem Mitglied einer Erbengemeinschaft ein gesetzlich festgelegter Anteil, der eingefordert werden kann. Wenn wir ganz genau sein wollen, dann müssen wir sogar sagen: Liegt ein Stein auf dem Grundstück, dann gehört jedem Erben ein Teil dieses Steins – in Höhe des jeweiligen Erbteils. Klar, dass das in der Praxis nicht realisierbar ist. In solchen Fällen muss ein Objekt in einen Geldwert umgewandelt werden, der sich wiederum sehr gut auf eine beliebige Menge Erben zu beliebigen Konditionen aufteilen lässt. Das Haus oder das Grundstück muss womöglich verkauft beziehungsweise in seinem Wert geschätzt werden.

In der dritten Phase entscheidet sich also nicht nur, wer wie viel bekommt, sondern auch, was mit den vererbten Objekten geschieht. Denn nicht alle Erben wollen, dass zum Beispiel die Immobilie einer geliebten Person, die nicht mehr da ist, verkauft wird. Für viele haben Gegenstände und bestimmte Orte auch einen emotionalen Wert und sie wollen das geerbte Gut nicht in fremde Hände geben. Treffen Menschen mit dieser Art von Beziehung zu den geerbten Objekten auf solche, die eher den Geldwert im Fokus haben, dann gilt es,

- sich zu einigen,
- Lösungen für die verschiedenen Forderungen zu finden
- und Entscheidungen zu treffen.

Wie genau Sie dabei vorgehen können, verrät Ihnen die folgende Checkliste zum Thema »Einigung erzielen, Lösungen finden und Entscheidungen treffen«. Sie wird Ihnen dabei helfen, in Konfliktsituationen oder während Entscheidungsprozessen systematisch vorzugehen, um eine faire und nachhaltige Lösung zu finden:

Checkliste Richtig erben

1. **Vorbereitung**

   Ziele und Interessen klären
   - Definieren Sie Ihre Ziele und Prioritäten (zum Beispiel »Ich möchte das Haus gerne über einen Makler verkaufen.«)
   - Unterscheiden Sie zwischen Ihren Positionen (»Was will ich?«) und Ihren Interessen (»Warum will ich es?«).

   Rahmenbedingungen festlegen
   - Setzen Sie Regeln auf, an die sich alle Beteiligten halten sollten (zum Beispiel die Zusage, zeitnah auf Fragen zu reagieren, dabei sollte für alle klar sein, was »zeitnah« bedeutet; hier könnte etwa vereinbart werden: Auf Fragen antworten alle Erben innerhalb von fünf Tagen).
   - Müssen bestimmte zeitliche oder rechtliche Vorgaben beachtet werden (zum Beispiel die Kündigungsfrist für eine Sparanlage des Erblassers)?

   Informationen sammeln
   - Welche Daten, Fakten und Unterlagen sind relevant?
   - Sind alle Beteiligten ausreichend informiert?

   Beteiligte identifizieren
   - Wer muss in den Prozess einbezogen werden?
   - Gibt es Dritte (zum Beispiel Mediatoren oder Experten), die helfen können?

2. **Kommunikation aufbauen**

   Offene und respektvolle Gesprächsatmosphäre schaffen
   - Klären Sie, dass alle Beteiligten fair gehört werden.
   - Vermeiden Sie Schuldzuweisungen oder persönliche Angriffe.
   - aktives Zuhören
   - Hören Sie aufmerksam zu, ohne zu unterbrechen.
   - Wiederholen Sie das Gehörte, um Missverständnisse zu vermeiden (»Habe ich richtig verstanden, dass …?«).

Klar und präzise sprechen

- Formulieren Sie Ihre Anliegen sachlich und deutlich.
- Vermeiden Sie vage Aussagen oder übertriebene Forderungen.

3. **Interessen der Beteiligten ermitteln**

Fragen stellen

- »Was ist Ihnen wichtig?«
- »Warum ist das für Sie von Bedeutung?«

Gemeinsame Interessen finden

- Identifizieren Sie Überschneidungen, bei denen beide Seiten profitieren können (zum Beispiel wünschen sich beide Parteien einen schnellen Verkauf durch einen Makler zum Wert laut Gutachten).

4. **Lösungsoptionen entwickeln**

Ideen sammeln

- Entwickeln Sie gemeinsam mehrere Lösungsansätze (Brainstorming).
- noch keine Bewertung der Ideen vornehmen – Fokus liegt auf Vielfalt der Möglichkeiten

Kreative Ansätze fördern

- Gibt es Alternativen, an die noch nicht gedacht wurde? (Hier könnte als Beispiel der Verkauf des Erbteils an einen Miterben oder einen Externen in Betracht gezogen werden.)
- Sind Kompromisse oder Tauschgeschäfte möglich?

5. **Bewertung der Optionen**

Objektive Kriterien festlegen

- Welche Lösung erfüllt die Interessen der Beteiligten am besten?
- Müssen bestimmte rechtliche, wirtschaftliche oder praktische Rahmenbedingungen beachtet werden?

Vor- und Nachteile abwägen

- Welche Lösung bringt den größten Nutzen?
- Welche Risiken sind mit den Optionen verbunden?

Emotionen berücksichtigen

- Prüfen Sie, ob eine Lösung die Beziehungen zwischen den Beteiligten belastet oder stärkt.

6. **Entscheidungen treffen**

   Konsens oder Mehrheitsentscheidung
   - Wenn möglich, streben Sie einen Konsens an.
   - Falls nicht alle zustimmen können, klären Sie, wie eine Mehrheitsentscheidung akzeptiert werden könnte.

   Klare Festlegung der Entscheidung
   - Dokumentieren Sie die getroffene Entscheidung schriftlich.
   - Definieren Sie Verantwortlichkeiten und Fristen für die Umsetzung.

7. **Umsetzung der Einigung**

   Planung der nächsten Schritte
   - Wer ist wofür verantwortlich?
   - Welche Fristen und Termine sind zu beachten (zum Beispiel Frist zur Abgabe der Steuererklärung, Kündigungsfristen oder Urlaube)?

   Überwachung und Nachverfolgung
   - Kontrollieren Sie regelmäßig, ob die Einigung wie vereinbart umgesetzt wird.
   - Besprechen Sie auftretende Probleme frühzeitig.

8. **Unterstützung durch Dritte (falls nötig)**

   Mediator oder Moderator
   - Ziehen Sie bei festgefahrenen Gesprächen einen neutralen Dritten hinzu.
   - Mediatoren können helfen, die Kommunikation zu verbessern und Lösungen zu erarbeiten.

   Experten einbinden
   - Bei komplexen Sachverhalten können Experten wie Anwälte, Steuerberater oder Fachleute Sie bei der Entscheidungsfindung unterstützen. Das Gesprächsprotokoll lassen Sie allen Miterben zukommen, damit alle den gleichen Wissensstand haben.

9. **Nachbereitung: Dokumentation**
   - Halten Sie das Ergebnis schriftlich fest, einschließlich aller getroffenen Vereinbarungen und Entscheidungen.
   - Eine klare Dokumentation schützt vor späteren Missverständnissen.

Immobilien sind im Bereich der Nachlassabwicklung eine Sache für sich. Die Aufteilung einer Immobilie innerhalb einer Erbengemeinschaft kann oft komplex und besonders konfliktträchtig sein. Immerhin handelt es sich hierbei nicht um ein einfach zu portionierendes Objekt. Dennoch kann ich Ihnen auch dafür einige Richtlinien an die Hand geben, die Ihnen bei dem Punkt »Immobilien« eine gerechte Aufteilung ermöglichen.

Wenn Sie also wissen, dass eine Immobilie Thema einer Nachlassverteilung sein wird, dann muss Ihr erster Schritt immer in der Prüfung der aktuellen Marktlage bestehen. Treffen Sie in Bezug auf Immobilien niemals Entscheidungen, ohne Nachfrage und Marktsituation zu analysieren. Das gilt umso mehr für Phasen einer geringen Nachfrage oder bei schwankenden Preisen. Um also hier ganz sicherzugehen, sollten Sie eine schriftliche Marktwertanalyse erstellen lassen, in der der aktuelle Wert der betreffenden Immobilie geschätzt wird. Dieses Dokument können Sie anschließend allen Mitgliedern der Erbengemeinschaft vorlegen und so nicht nur Transparenz, sondern auch realistische Erwartungen schaffen.

Die geeignetste Anlaufstelle für eine solche Marktanalyse sind Immobilienmakler. Sie kennen den regionalen Markt und können Ihnen mit ihrer Expertise zur Seite stehen. Arbeiten Sie also nur mit ausgewiesenen Experten Ihres Vertrauens zusammen, um fundierte Einschätzungen zu erhalten, und scheuen Sie sich nicht, mehrere Meinungen einzuholen.

Liegt Ihnen dann eine verlässliche Marktwertanalyse schwarz auf weiß vor, muss als Nächstes die Frage geklärt werden, ob die Immobilie durch einen der Erben übernommen oder verkauft werden soll: Wenn ein Erbe Interesse zeigt, dann besteht Ihr nächster Schritt darin, gemeinsam mit der Erbengemeinschaft einen Kaufpreis festzulegen. Basierend auf der Marktwertanalyse, kann der interessierte Erbe dann entscheiden, ob er das Angebot annimmt oder nicht. Im Falle einer Einigung dokumentieren Sie diese in einem notariellen Vertrag, der Erbe zahlt die anderen Mitglieder der Erbengemeinschaft entsprechend ihren Anteilen aus und die Sache ist erledigt. Die Übernahme der Immobilie im Wege einer teilweisen Erbauseinandersetzung bringt einen großen Vorteil für den Übernehmenden: Er muss keine Grunderwerbsteuer bezahlen!

Erzielt die Gemeinschaft keine Einigung, können Sie alternativ vorschlagen, die Immobilie auf den Markt zu bringen und die Angebote potenzieller Käufer einzuholen. Das wäre ein Weg, um den realen Marktwert des Objektes zu ermitteln und den jeweiligen Parteien in der Erbengemeinschaft eine fundiertere Verhandlungsbasis zu schaffen. Denn sobald ein reales Verkaufsangebot vorliegt, können die Erben erneut entscheiden, wie sie weiter verfahren. Das Preisangebot können Sie hierbei als Referenz für den Betrag nutzen, zu dem ein Erbe die Immobilie übernehmen soll.

Kommt die Erbengemeinschaft auch auf dieser Basis nicht auf einen Nenner, dann bleibt noch der Ausweg eines externen Verkaufs. Die eingenommene Summe kann anschließend ganz einfach den Anteilen entsprechend den einzelnen Erben zugewiesen werden.

Natürlich kann eine Erbengemeinschaft, die sich über die Verfahrensweise mit der Immobilie einig ist, auch ein gemeinsames Gutachten einholen: ein sogenanntes **Verkehrswertgutachten.** Der Verkehrswert bietet eine objektive Grundlage für die Verteilung oder den Verkauf. Stimmen dem alle Erben zu, kann die Immobilie so ganz ohne zusätzlichen Marktaufwand an den interessierten Erben übergeben. Achten Sie dabei nur darauf, dass der bestellte Gutachter neutral ist und von allen Miterben akzeptiert wird. Das Gutachten sollte dann in jedem Fall allen Beteiligten schriftlich vorliegen.

Ihre Aufgabe als Erbe – und auch, wenn Sie Teil einer Erbengemeinschaft sind – besteht im gesamten Prozess der Immobilienaufteilung nicht nur darin, mit konkreten Zahlen und realistischen Angeboten die nötige Faktenlage zu schaffen, sondern Sie stehen hier auch in der Verantwortung, gerechte Lösungen bei eventuellen Pattsituationen zu fördern. Diese Verantwortung sollte jedem bewusst sein: In einer Erbengemeinschaft ist nicht nur die Gemeinschaft als Ganzes gefragt, sondern auch jeder einzelne Erbe in seiner Mitwirkungspflicht. Denn vergessen Sie nicht: Auch bei Immobilien kann es nicht nur um Geldbeträge gehen, sondern auch um emotionale Werte.

Bevor Sie also, um unnötigen Zwist zu umgehen, gleich den Verkauf an eine außenstehende Person forcieren, suchen Sie lieber nach Alternativen. So besteht zum Beispiel auch die Möglichkeit zur Vereinbarung eines internen **»Vorkaufsrechts«** unter den Erben: Denn bevor die Immobilie an einen Dritten verkauft wird, können sich die Erben so gemeinsam auf eine Art Vorkaufsrecht verständigen, um die Immobilie zu übernehmen. Für die Preisfindung geht die Immobilie zunächst auf den Markt – so kann ausgelotet werden, was die Immobilie in so einem Fall wert ist. Der so von allen Erben akzeptierte und festgelegte Preis ist dann am Ende der, den einer der Miterben zahlt. Eine exzellente Basis, um hier einen vertretbaren Kompromiss erzielen zu können.

Wichtig (und gesetzlich verankert): Verkauft ein Miterbe seinen Erbteil an einen Dritten, haben die anderen Miterben ein gesetzliches Vorkaufsrecht. Dies gilt aber nicht für den Verkauf einzelner Nachlassgegenstände.

Das Wichtigste bleibt aber auch hier: Transparenz schaffen! Dokumentieren Sie alle Schritte und Vereinbarungen, machen Sie Ihre Dokumentation allen Erben zugänglich. Das schafft Vertrauen und reduziert den Nährboden für Streitigkeiten. Denn die größten Erfolgschancen haben Sie, wenn alle möglichst flexibel und kooperationswillig in die Situation gehen. Mit einer transparenten Marktwertanalyse schaffen Sie realistische Vorstellungen. Mit der Option zur Übernahme durch einen Erben oder einem objektiven Verkehrswertgutachten halten Sie den Beteiligten alle Türen offen. Und mit der Bereitschaft, eine faire Lösung für alle zu finden, gewinnen Sie das Vertrauen und die bereitwillige Mitwirkung der Erbengemeinschaft. Damit sind Sie perfekt gerüstet für die Aufteilung jeder Nachlassimmobilie. Und jetzt wieder zurück zu unserem Fahrplan …

Zu den Entscheidungen in der dritten Phase gehört auch die Festlegung der Verträge, die nun zu kündigen sind. Welche genau dabei für Sie relevant werden, können Sie mithilfe der folgenden Checkliste zu Verträgen, die im Todesfall gekündigt oder automatisch beendet werden, entscheiden:

Checkliste Verträge & Co.

1. **Verträge, die automatisch enden. Einige Verträge sind an die Person des Verstorbenen gebunden und enden automatisch mit deren Tod. Dazu gehören:**
   - *Arbeitsvertrag:* Der Arbeitsvertrag des Verstorbenen endet automatisch mit seinem Tod. Ausstehende Gehälter und Urlaubsansprüche gehen in den Nachlass über.
   - *Rentenversicherungen (private Renten):* Private Rentenverträge enden mit dem Tod, es sei denn, es wurde eine Hinterbliebenenversorgung vereinbart.
   - *Krankenversicherung:* Die Mitgliedschaft in der gesetzlichen Krankenversicherung endet mit dem Tod.
   - *Mitgliedschaften in Vereinen:* Persönliche Vereinsmitgliedschaften (zum Beispiel Sportvereine) enden automatisch, da sie in der Regel an die Person des Mitglieds gebunden sind. Um ganz sicherzugehen und um unnötige Abbuchungen zu vermeiden, sollte der Verein informiert werden.
   - *Haftpflichtversicherung:* Persönliche Haftpflichtversicherungen erlöschen in der Regel mit dem Tod. Familienhaftpflichtversicherungen können auf den Ehepartner übergehen.

2. **Verträge, die nur nach Vorlage der Sterbeurkunde gekündigt werden können. Für die folgenden Verträge ist eine aktive Kündigung durch die Erben erforderlich, wobei die Sterbeurkunde als Nachweis dient:**
   - *Mietvertrag:* Das Mietverhältnis eines Verstorbenen geht automatisch auf die Erben über, wenn das im Vertrag nicht anders geregelt wurde. Es kann jedoch unter Einhaltung der gesetzlichen Fristen gekündigt werden.
   - *Achtung:* Beachten Sie hier unbedingt das Sonderkündigungsrecht! Stirbt ein Mieter, so ist sowohl der Erbe als auch der Vermieter berechtigt, das Mietverhältnis innerhalb eines Monats, nachdem sie vom Tod des Mieters Kenntnis erlangt haben, außerordentlich mit der gesetzlichen Frist zu kündigen.
   - *Kfz-Versicherung:* Muss gekündigt oder auf einen Erben umgeschrieben werden
   - *Hausratversicherung:* Endet nicht automatisch, kann jedoch von den Erben gekündigt werden

- *Rechtsschutzversicherung:* Kann gekündigt werden, da die Rechte an die Person des Verstorbenen gebunden sind
- *Abonnements:* Zeitungs- und Zeitschriftenabonnements, Streaming-Dienste (zum Beispiel Netflix, Spotify), Telefon- und Internetverträge
- *Mitgliedschaften und Abos:* Fitnessstudios, Online-Mitgliedschaften (zum Beispiel Amazon Prime, Lieferdienste)
- *Strom, Gas und Wasser:* Diese Verträge laufen weiter. Zeigen Sie aber den Leerstand an. Abschläge werden sodann angepasst.

3. **Verträge, die überprüft oder umgeschrieben werden müssen. Diese Verträge enden nicht automatisch, sondern können weitergeführt oder auf die Erben umgeschrieben werden:**
   - *Immobilienkredite:* Kreditverträge für Immobilien gehen auf die Erben über, die jedoch entscheiden können, ob sie den Nachlass annehmen oder ausschlagen.
   - *Leasingverträge:* Leasingverträge (zum Beispiel für Autos) laufen weiter und müssen entweder übernommen oder gekündigt werden, falls eine vorzeitige Beendigung möglich ist.
   - *Darlehensverträge:* Private oder bankgebundene Darlehen bleiben bestehen und werden Teil des Nachlasses.
   - *Versicherungen mit Vermögenswerten:* Lebensversicherungen oder fondsgebundene Policen bleiben bestehen, wenn sie Auszahlungssummen enthalten.
   - *Schließfächer:* Schließfachverträge bei Banken laufen weiter und müssen gekündigt oder übernommen werden.

4. **Hinweise zur Kündigung von Verträgen**
   - *Sterbeurkunde:* Viele Verträge erfordern eine Kopie der Sterbeurkunde als Nachweis.
   - *Sonderkündigungsrecht:* In vielen Fällen gilt ein Sonderkündigungsrecht bei Tod, unabhängig von regulären Kündigungsfristen.
   - *Achtung:* Hier muss immer zunächst der zugrunde liegende Vertrag geprüft werden. Es ist möglich, gesetzliche Regelungen vertraglich anders zu regeln. Daher empfehle ich immer den Blick in den Vertrag. Eine rechtliche Beratung könnte hier Sinn ergeben.

Es ist entscheidend, dass Sie diese Verträge im Blick haben und genau wissen, wie Sie mit ihnen jeweils verfahren müssen. Denn laufende Verträge verursachen Kosten und können so den Nachlass schmälern. Bevor Sie allerdings Verträge kündigen, prüfen Sie immer sorgfältig, ob diese Vermögenswerte enthalten oder wichtige Verpflichtungen betreffen. Und rückversichern Sie sich immer, ob es für einen Vertrag unter Umständen eine Regelung im Todesfall gibt, die das Procedere mit dem Vertrag genau vorgeben würde.

Die steuerliche Seite eines Erbes

Nachdem nun sämtliche Vermögenswerte ermittelt sind und sich die Erben über die Verteilung des Nachlasses geeinigt haben, müssen Sie sich zwingend mit der steuerlichen Seite auseinandersetzen.

1. **Einkommensteuer des Erblassers**
   Sofern der Erblasser zu Lebzeiten verpflichtet war, Einkommensteuererklärungen abzugeben, muss die Erklärung für das Jahr des Todes bis zum Todestag erstellt werden. Diese Pflicht besteht unabhängig von der Nachlassregelung und darf keinesfalls übersehen werden. Leider zeigt sich in der Praxis häufig, insbesondere bei Erbengemeinschaften, dass dieser Punkt vergessen wird – was später zu unangenehmen Nachforderungen durch das Finanzamt führen kann. Wir prüfen regelmäßig, ob der Erblasser von einem Steuerberater beraten wurde. Bejahendenfalls lassen wir diesen die Steuererklärung fertigen. Ihm liegen in der Regel alle Informationen vor und er kann mir helfen, die Unterlagen zu beschaffen, die zur Erstellung notwendig werden.

2. **Erbschaftsteuer**
   Parallel dazu sollte die Erbschaftsteuer vorbereitet werden. Dabei ist entscheidend, dass alle Vermögenswerte zum Zeitpunkt des Todes bewertet werden – nicht zum Zeitpunkt einer späteren Veräußerung. Wird zum Beispiel ein Grundstück oder ein Depot erst Jahre später verkauft, muss der Wert am Todestag recherchiert und dokumentiert werden, da Marktschwankungen – etwa bei Immobi-

lienpreisen, Aktien oder Gold – zu erheblichen Abweichungen führen können.

In der Regel lassen wir eine Bewertung, insbesondere von Grundstücken, durch einen Steuerberater durchführen. Der spätere Verkaufspreis spielt zunächst keine Rolle – das Finanzamt nimmt gegebenenfalls eine eigene Bewertung vor. Sollte diese deutlich über dem erzielten Verkaufspreis liegen, empfehle ich dringend, den Kaufvertrag einzureichen und eine Wertkorrektur zu beantragen.

3. **Zusammenarbeit mit dem Steuerberater**

   Ich verweise an dieser Stelle ausdrücklich auf die Einbindung eines qualifizierten Steuerberaters. Auch wenn manche Erben an dieser Stelle Kosten sparen möchten, führt fehlendes Fachwissen häufig zu unnötig hohen Steuerzahlungen. Bitte übergeben Sie dem Steuerberater eine vollständige Erbenliste, in der auch das Verwandtschaftsverhältnis der Erben zum Erblasser offengelegt ist. Dies ist wichtig, da unterschiedliche Steuerklassen mit unterschiedlichen Freibeträgen und Steuersätzen verbunden sind.

Verwandtschaftsverhältnis/Steuerklasse	Freibetrag (€)*	Steuersatz bei vererbtem Betrag über Freibetrag*
Ehepartner/eingetragene Lebenspartner (Klasse I)	500 000	7–30 % (je nach Höhe des Erbes)
Kinder, Stiefkinder (Klasse I)	400 000	7–30 %
Enkelkinder (Klasse I)	200 000	7–30 %
Urenkel, Eltern, Großeltern (Klasse I)	100 000	7–30 %
Geschwister, Nichten/Neffen, Schwiegerkinder (Klasse II)	20 000	15–43 %
Nicht verwandte Personen, z. B. Freunde (Klasse III)	20 000	30–50 %

* Stand 2025

Gut zu wissen

Ehepartner und Kinder können, wenn die Voraussetzungen erfüllt sind, zusätzlich von **steuerfreien Versorgungsfreibeträgen** (sie dienen der wirtschaftlichen Absicherung von Hinterbliebenen, zum Beispiel bei **Verlust des Ehepartners oder eines Elternteils**) profitieren. Ein kleines Beispiel dazu: Maria M. erbt 700 000 Euro von ihrem verstorbenen Mann – zu ihrem Freibetrag von 500 000 Euro kommt der Versorgungsfreibetrag in Höhe von 256 000 Euro. Den erhält sie, weil sie keine eigene Rente oder Pension erhält. Für das Erbe zahlt Maria M. danach keine Erbschaftsteuer mehr.

Immobilien, Betriebsvermögen und Schenkungen zu Lebzeiten können ebenfalls steuerlich begünstigt sein. Ist nun auch alles bis hierhin erledigt, dann führt uns das auf direktem Wege zur vierten Etappe in unserem Fünf-Phasen-Plan. Denn die am Verhandlungstisch getroffenen Vereinbarungen wollen korrekt festgehalten werden.

Gedanken zum Mitnehmen

Viele Vorarbeiten sind erledigt, das Nachlassverzeichnis erstellt. Klären Sie die Interessen aller Beteiligten, machen Sie transparent, was alle jeweils erwartet, tauschen Sie sich mit allen Beteiligten über den Bestand des Nachlasses und die Interessen jedes Einzelnen aus. Denn jetzt wird entschieden, wer wie viel bekommt und was mit den vererbten Objekten geschieht.

4. Phase – Rechtliche Sicherheit: Halten Sie Ihre Einigung schriftlich fest

Haben Sie die dritte Phase erfolgreich geregelt, so sollte im nächsten Schritt Verbindlichkeit für alle Beteiligten geschaffen werden: Sei es der Auseinandersetzungsvertrag oder der notarielle Vertrag zur Vermächtniserfüllung – nun wird die vertragliche Grundlage geschaffen, mit deren Hilfe die endgültige Auseinandersetzung des Nachlasses erfolgen kann. Ich bin der Meinung, dass sich eine Erbengemeinschaft nur dann wirklich verträgt, wenn alle einen guten Vertrag abschließen können. Denn im Klartext heißt das:

- Alle Erben erhalten alle notwendigen Informationen schwarz auf weiß.
- Alle können die Fakten nochmal in Ruhe durchgehen.
- Alle können Rückfragen stellen.
- Für jeden ist klar ersichtlich, wer was erhalten soll.

Erfahrungsgemäß bekommen hier viele der zukünftigen Erben die meisten Falten auf der Stirn. Denn jetzt müssen sie sich zu allen zuvor getroffenen Vereinbarungen bekennen. Und seien wir ehrlich: Dabei geht es nicht selten um lebensverändernde Entscheidungen. Dieses Zögern und das erneute Überdenken sind also nicht nur verständlich, sondern auch berechtigt.

Ihr stärkstes Argument in dieser Situation ist die Gewissenhaftigkeit, mit der Sie Ihre Aufgaben in den ersten drei Phasen erfüllt haben: Je gründlicher die Aufbereitung der Fakten zuvor erfolgte, umso leichter fallen den Beteiligten nun die fundierten Entscheidungen. Das ist die beste Strategie gegen die lähmende Angst, etwas nicht beachtet zu haben.

Welche Verträge Sie nun genau für die Regelung des Nachlasses benötigen, hängt von Ihrem speziellen Fall ab. So oder so muss jedoch am Ende der vierten Phase ein Vertrag zur Regelung des Nachlasses, ein sogenannter Erbteilungsvertrag, vorliegen. Durch diesen wird zwischen sämtlichen Miterben der Erbengemeinschaft eine verbindliche Vereinbarung geschlossen. Diese regelt im Einzelnen, welcher Erbe welchen konkreten Anteil oder Gegenstand aus dem Nachlass der verstorbenen Person erhalten soll.

Dieser Vertrag sollte von allen Miterben unterschrieben werden. Er ist essenziell für die Auflösung jeder Erbengemeinschaft, selbst dann, wenn es eine Zusammensetzung aus Erben ist, bei denen vollkommene Einigkeit über alle Punkte herrscht. Denn rechtlich gesehen treten bei einem Erbfall alle Erben in eine Erbengemeinschaft ein, auf die der Nachlass auch gemeinschaftlich übergegangen ist.

Mit einem Vertrag regelt man also zwei Punkte:

1. die Details und Vereinbarungen zur Auseinandersetzung eines Nachlasses,
2. den Frieden in der und für die Erbengemeinschaft.

Wie ein solcher Vertrag grob aussehen kann, soll der folgende Mustervertrag für einen Erbauseinandersetzungsvertrag verdeutlichen. Er kann Ihnen als erste Orientierung dienen und sollte bei der Erstellung eines rechtlich verbindlichen Dokuments aber unbedingt von einem Spezialisten geprüft werden.

Muster Erbauseinandersetzungsvertrag

Erbauseinandersetzungsvertrag

zwischen den Parteien:

1. [Name, Geburtsdatum, Adresse], nachfolgend »Erbe A« genannt,
2. [Name, Geburtsdatum, Adresse], nachfolgend »Erbe B« genannt,
3. [Name, Geburtsdatum, Adresse], nachfolgend »Erbe C« genannt,

(im Folgenden gemeinsam als »die Erben« bezeichnet)

wird folgender Vertrag geschlossen:

§ 1 Hintergrund
Der Nachlass des/der Verstorbenen, [Name des Erblassers/der Erblasserin, Geburtsdatum, Sterbedatum], umfasst Vermögenswerte und Verpflichtungen, die gemäß den gesetzlichen oder testamentarischen Erbteilen auf die Erben übergehen. Ziel dieses Vertrags ist die abschließende und einvernehmliche Aufteilung des Nachlasses.

§ 2 Nachlassbestand
Die Erben bestätigen, dass der Nachlass heute noch aus den folgenden Vermögenswerten besteht:

1. Immobilien:
   - [Beschreibung der Immobilie(n), zum Beispiel Adresse, Grundbuchblattnummer, Wert]

2. Bankguthaben:
   - [Beschreibung der Konten, Kontonummer, Bank, Kontostand]
3. Sachwerte:
   - [Beschreibung von Gegenständen, zum Beispiel Fahrzeuge, Schmuck, Kunstwerke et cetera]
4. Schulden oder Verpflichtungen:
   - [Beschreibung der Schulden oder Verpflichtungen, zum Beispiel Kredite, Verbindlichkeiten]

§ 3 Aufteilung des Nachlasses
Die Erben vereinbaren folgende Aufteilung:

1. Immobilien:
   - [Details zur Aufteilung, zum Beispiel Übertragung an einen Erben, Auszahlung an die anderen, Verkauf und Verteilung des Erlöses]
2. Bankguthaben:
   - [Details zur Verteilung der Konten oder des Gesamtguthabens]
3. Sachwerte:
   - [Details zur Aufteilung der Sachwerte, zum Beispiel wer welche Gegenstände erhält oder ob eine Versteigerung erfolgt]
4. Schulden oder Verpflichtungen:
   - [Details zur Übernahme oder Aufteilung von Schulden]

§ 4 Zahlungsregelungen
Die Erben vereinbaren, dass die Ausgleichszahlungen wie dargestellt erfolgen:

- Erbe A zahlt an Erbe B die Summe von [Betrag in Euro] bis spätestens [Datum].
- [Weitere Zahlungsregelungen einfügen.]

§ 5 Rechtsfolgen
Mit der Unterzeichnung dieses Vertrags erklären die Erben, dass:

1. Alle gegenseitigen Ansprüche aus dem Nachlass abschließend geregelt sind;
2. keine weiteren Forderungen bezüglich des Nachlasses gestellt werden.

§ 6 Salvatorische Klausel
Sollte eine Bestimmung dieses Vertrags unwirksam sein oder werden, so bleibt die Wirksamkeit der übrigen Bestimmungen unberührt. Die Parteien verpflichten sich, die unwirksame Bestimmung durch eine Regelung zu ersetzen, die dem wirtschaftlichen Zweck am nächsten kommt.

§ 7 Schlussbestimmungen
1. Dieser Vertrag wird in [Anzahl] gleichlautenden Ausfertigungen erstellt. Jede Partei erhält eine Ausfertigung.
2. Änderungen oder Ergänzungen dieses Vertrags bedürfen der Schriftform.

Ort, Datum:

Unterschriften:

Erbe A: ______________________________

Erbe B: ______________________________

Erbe C: ______________________________

Er ist die vertragliche Vereinbarung aller Miterben einer Erbengemeinschaft, in der diese festlegen, wie der gemeinsame Nachlass verteilt wird, sodass sich die Erbengemeinschaft anschließend auflösen kann.

In Zeiten digitaler Kommunikation haben Sie für eine solche Auseinandersetzungsvereinbarung allerdings auch zahlreiche andere Möglichkeiten: Unter Umständen (und vor allem dann, wenn die Zahl der Erben überschaubar ist und Einigkeit besteht) reicht schon eine Online-Plattform oder eine WhatsApp-Gruppe, über die alle Beteiligten mit den Eckdaten versorgt werden und ihre Zustimmung äußern können. Das funktioniert auch dann, wenn Sie es mit einer großen Erbengemeinschaft mit drei, zehn, 50 oder noch mehr Erben zu tun haben.

Die sicherste und einfachste Form, Vereinbarungen festzuhalten, ist aber immer noch der klassische Vertrag. Wie er aussehen könnte, zeigt das Muster, das Ihnen als erste Orientierung dienen kann. Da aber nicht jeder des Juristendeutschs mächtig ist und sich im Vertrags- oder Erbrecht auskennt, empfiehlt es sich, vor allem bei konfliktbeladenen

Verhandlungen oder komplizierten Nachlässen, spätestens hier einen Spezialisten hinzuzuziehen. Hilfe finden Sie dann unter anderem bei Notaren, Steuerberatern, Mediatoren und auch Anwälten.

Gut zu wissen

Um eine Erbengemeinschaft rechtlich bindend aufzulösen, braucht es keiner besonderen Form. Ein notarieller Vertrag ist grundsätzlich nur bei Immobilien erforderlich. Ansonsten können Vereinbarungen auch mündlich getroffen werden. Um solche Vereinbarungen später nachweisen zu können, empfehle ich jedoch die Schriftform.

Wenn ein Erbe stirbt

Stellen Sie sich vor, Sie wären ein Teil einer Erbengemeinschaft und gerade dabei, den Nachlass aufzuteilen. Alles wäre erledigt: Die Ermittlungen wären abgeschlossen, das Nachlassverzeichnis stünde, alle Erben wären informiert, und Sie steckten mitten im Verkauf der Immobilie. Doch dann würde das Unfassbare passieren: Einer der Erben stirbt. Ein riesiges Durcheinander! Diese Wendung kann den gesamten Prozess um Monate, wenn nicht sogar Jahre zurückwerfen. Das Problem wird noch größer, wenn der verstorbene Erbe wiederum einen überschuldeten Nachlass hinterlässt und seine eigenen Erben das Erbe ausschlagen. Auch das kann lange dauern und dann stehen wir plötzlich ohne die Erklärung der Erben des zuerst Verstorbenen da. Die Verwaltung des Nachlasses wird damit zunächst unmöglich.

In solchen Fällen kann man einen Nachlasspfleger für die unbekannten Erben des verstorbenen Miterben bestellen. Bei manchen Gerichten klappt das, doch andere lehnen es ab und möchten erst die Erben ermitteln. Währenddessen stehen die Verwertung und Verteilung still. So geschehen bei einem unserer Fälle: Der Nachlass war überschuldet, aber es existierte eine Immobilie. Um die Schulden auszugleichen, wollten wir das Haus verkaufen. Wir haben mehrfach gebeten, einen Nachlasspfleger zu bestellen, aber das Amtsgericht lehnte ab, da es von der Überschuldung nicht überzeugt war und nach den Erben suchte. Für uns bedeutete das Stillstand oder anders ausgedrückt: Wir waren machtlos. Zudem: Die laufenden Kosten der Immobilie liefen weiter und das Finanzamt klopfte schon an die Tür. Ein riesiges Problem, und die Verwertung war nicht in Sicht.

Tipp: Um solche Situationen zu vermeiden, können sich die Erben gegenseitig Vollmachten erteilen, die auch über den Tod hinaus gelten, oder eine dritte Person mit solchen Vollmachten ausstatten – idealerweise notariell beglaubigt oder beurkundet. So bleibt die Erbengemeinschaft handlungsfähig – was auch immer passiert. Die Handlungsfähigkeit der Erbengemeinschaft sollte oberste Priorität haben.

Wenn jemand in der Erbengemeinschaft älter oder krank ist, sollte man besonders aufmerksam sein. Es ist wichtig, offen über diese Themen zu sprechen und zu klären, ob es Generalvollmachten oder Vollmachten über den Tod hinaus gibt. Das sonst drohende Drama wird oft unterschätzt. Es ist also umso wichtiger, sich darum zu kümmern.

Experten können bei der Umsetzung helfen

Es ist eine Sache, die notwendigen Informationen und Hintergründe zu einem Nachlassverfahren zu kennen, aber eine andere, diese Fakten richtig zu deuten und einzusetzen. Es nützt Ihnen nichts, wenn Sie ein Gutachten vor sich liegen haben, aber nicht genau wissen, was es für Sie und Ihre Erbengemeinschaft bedeutet. Überall dort, wo Sie sich persönlich nicht auskennen, sollten Sie demnach die Meinung von Experten heranziehen.

Reden wir also Klartext: Liegen erst mal alle Fakten auf dem Tisch, dann folgt in der Regel die vertragliche Festlegung der Vereinbarungen, die eine Erbengemeinschaft gemeinsam treffen sollte. Das ist eine grundsätzliche Faustregel, die für jeden Verhandlungstisch gilt: Halten Sie alle Vereinbarungen schriftlich fest! Selbst wenn Sie es mit der harmonischsten Erbengemeinschaft aller Zeiten zu tun haben, so brauchen Sie doch am Ende einen sogenannten Auseinandersetzungsvertrag. Hier helfen Notare, Fachanwälte für Erbrecht und/oder für das Steuerrecht. Auch der Steuerberater kann im Vorfeld wertvolle Unterstützung leisten – etwa, wenn es um die Frage der steuerlichen Belastungen eines Erbes geht.

Gedanken zum Mitnehmen

In der vieren Phase geht es vor allem um eines: Verbindlichkeit für alle Beteiligten. Sei es der Auseinandersetzungsvertrag oder der notarielle Vertrag zur Vermächtniserfüllung – zu diesem Zeitpunkt wird alles vertraglich so festgehalten, dass der endgültigen Auseinandersetzung nichts mehr im Wege stehen kann. Denken Sie daran: Sie müssen nicht alles allein regeln. Holen Sie sich dort Unterstützung, wo Sie an Ihre Grenzen stoßen. Nutzen Sie die externe Expertise und schaffen Sie einen verbindlichen Raum und Rahmen für alle Beteiligten. Das schont nicht nur Ihre Nerven, sondern auch die Ihrer Miterben.

Externe Hilfe – Die verschiedenen Akteure

Im komplexen Bereich der Nachlassverwaltung können verschiedene Spezialisten eine Rolle spielen: Da haben wir zum Beispiel die **Mediatoren**. Sie begleiten und unterstützen Erbengemeinschaften, greifen auf Anfrage vermittelnd ein und sind vor allem in konfliktbeladenen Konstellationen eine große Bereicherung. Mediatoren helfen also bei Konflikten innerhalb einer Erbengemeinschaft, weil sie als neutrale, außenstehende Personen zwischen streitenden Parteien vermitteln, die Kommunikation zwischen diesen unterstützen und Lösungen bereitstellen können. Dabei sollen sie gerichtliche Auseinandersetzungen möglichst vorbeugen und damit sowohl Kosten sparen als auch den Familienfrieden so weit wie möglich erhalten beziehungsweise wiederherstellen. Gibt es in Ihrem Fall also Unstimmigkeiten zwischen den Erben über die Nachlassaufteilung oder die Nutzung von Vermögensgegenständen (wie Immobilien), dann benötigen Sie einen Mediator.

Außerdem gibt es den **Nachlasspfleger**: Dieser agiert als Vertreter für unbekannte Erben und schützt deren Vermögen. Ist in Ihrem Fall ein Erbe nachverstorben (also nach dem Erblasser verstorben), aber mit unbekannten Folgeerben, dann wenden Sie sich an das zuständige Amts- beziehungsweise Nachlassgericht und bitten um die Bestellung eines Nachlasspflegers. Seine Aufgabe wäre es dann, noch unbekannte Erben zu ermitteln und ihnen ihr rechtmäßiges Vermögen zukommen zu lassen. Dabei handelt ein Nachlasspfleger stets im besten Interesse der unbekannten Erben, und das, bis diese vollständig ausfindig gemacht wurden. Nachlasspfleger werden von einem Nachlassgericht beauftragt und haben insofern ihre Berechtigung als Spezialisten, als sie den Nachlass so lange geschützt halten können, bis alle Erben gefunden sind. Währenddessen sind sie befugt, alle nötigen Erklärungen abzugeben, um die Erbengemeinschaft handlungsfähig zu halten. Allerdings verwaltet der Nachlasspfleger das Vermögen nur, bis die tatsächlichen Erben bekannt und alle Ansprüche geklärt sind. Sobald das erfolgt ist, zieht er sich von dem Fall zurück. Die genaue Vorgehensweise kann dabei je nach Sachlage variieren.

Verwechseln Sie jedoch den Nachlasspfleger nicht mit dem **Nachlassverwalter**. Denn dessen Rolle ist eine etwas andere. Zunächst unterscheiden wir hier aber zwischen dem spezialisierten Nachlassverwalter und dem vom Gericht bestellten Nachlassverwalter: Der spezialisierte Nachlassverwalter, der von den Erben selbst beauftragt wird, unterstützt die Erbengemeinschaft im Gegensatz zum Nachlasspfleger bei der gesamten Nachlassabwicklung. Er bewertet und verwaltet die Nachlassgegenstände (zum Beispiel Immobilien, Wertpapiere, Schulden et cetera), erstellt ein Nachlassverzeichnis und organisiert anschließend die Aufteilung des Nachlasses. Ein spezialisierter Nachlassverwalter handelt im Auftrag der Erben und sorgt dabei für eine geregelte und zügige Abwicklung des gesamten Prozesses. Damit wird es immer dann relevant, wenn eine Erbengemeinschaft Hilfe bei der Auseinandersetzung eines Nachlasses benötigt. Ein vom Gericht bestellter Nachlassverwalter hingegen wird für die Sicherung und Verwaltung eines Nachlasses bei unklarer Vermögenslage offiziell hinzugezogen. Er wird von einem Nachlassgericht auf Antrag eines Erben oder eines Nachlassgläubigers bestellt und eingesetzt, insbesondere wenn nicht feststeht, ob ein Nachlass überschuldet ist oder nicht. Seine Aufgaben bestehen dann in der Prüfung der Vermögenswerte und Verbindlichkeiten sowie darin, Gläubiger zu befriedigen und die Erbenhaftung auf den Nachlass zu beschränken.

Eine weitere wichtige Figur ist der sogenannte **Erbenermittler**. Dabei handelt es sich oft um die Mitarbeiter eines Unternehmens, das über Anzeigen für Aufgebotsverfahren oder aufgrund von Hinweisen der Nachlasspfleger oder aber im Auftrag der schon bekannten Erben tätig wird. Wenn beispielsweise ein oder zwei Erben bereits über ihren Erbenstatus informiert wurden, aber keinen Erbschein beantragen können, weil sie nicht wissen, wer sonst noch erbberechtigt ist, dann kommen die Erbenermittler ins Spiel und suchen. Erbenermittler haben in solchen Fällen sowohl das Know-how als auch die Erfahrung, um zeitnah Ergebnisse zu liefern. Sie durchforsten Archive, recherchieren bei Behörden und Meldeämtern, prüfen Stammbäume zur Identifizierung aller Erbberechtigten. Oft können Sie sich auf diesem Wege auch ein detailliertes genealogisches Gutachten erstellen lassen. Denn auch das fällt in die Kompetenz des Erbenermittlers. Erbenermittler sind damit vertraut, weltweit Erben ausfindig zu machen. Es sind also hoch spezialisierte Fachkräfte. Doch seien Sie sich eines Umstands bewusst: Im Gegensatz zur gängigen Vorstellung kümmern sich Erbenermittler nicht um den Schutz des Nachlasses, sondern konzentrieren sich allein auf die Suche nach den berechtigten Erben. Wenn die Ermittler dann einen oder mehrere Berechtigte gefunden haben, treffen sie private Vereinbarungen mit ihnen. In vielen Fällen verlangen sie zwischen 25 und 33,5 Prozent des geerbten Vermögens als Honorar für ihre Dienste. Der Erbenermittler ist auch die Partei, die alle gefundenen Erben zusammenbringt. Dabei endet seine Rolle nicht immer mit der Identifizierung der Erbberechtigten: Oft übernimmt er auch die Abwicklung des Nachlasses – gegen eine entsprechende zusätzliche Vergütung durch die Erbengemeinschaft.

Gut zu wissen

Bei Erbenermittlern rate ich immer zur Vorsicht, denn man sollte bei ihnen niemals in Vorleistung gehen. Wird eine solche gefordert, handelt es sich in den meisten Fällen um einen Betrugsversuch. Ein seriöser Erbenermittler verlangt niemals eine Vorauszahlung, sondern höchstens die Erteilung einer Vollmacht oder die Unterschrift einer Vergütungsvereinbarung. Doch auch dann sollten Sie die Dokumente vor der Signatur gründlich prüfen lassen.

Und noch ein kleiner Tipp: Mit Erbenermittlern kann man durchaus verhandeln.

Die letzte und vermutlich bekannteste Instanz für Erbangelegenheiten ist der Anwalt, speziell der **Fachanwalt für Erbrecht**. Er dürfte den meisten als Erster bei einem anstehenden Erbfall in den Sinn kommen. Anwälte vertreten bereits bekannte Erben oder andere Beteiligte, die ihre Rechte und Ansprüche in Bezug auf den Nachlass einer Person durchsetzen wollen. Sie sind besonders dann gefragt, wenn es Streitigkeiten um die Nachlassaufteilung gibt oder komplexe rechtliche Fragen im Raum stehen.

Vorsicht: Anwälte vertreten in Nachlassangelegenheiten oft nur einzelne Erben oder andere Beteiligte, die ihre Interessen geltend machen möchten. Dabei können sie zweifellos hilfreich sein, indem sie rechtliche Klarheit schaffen und Ansprüche durchsetzen – dies jedoch meist nur für *eine* Partei der Erbengemeinschaft. So wertvoll ihre Unterstützung also sein kann, so konfliktfördernd können sie auch auf den Prozess der Nachlassauseinandersetzung wirken, wenn ihre Vorgehensweise nicht gut durchdacht ist.

Ein Anwalt operiert grundsätzlich parteiisch und handelt ausschließlich im Interesse seines Mandanten. Diese Parteilichkeit kann den sensiblen Balanceakt einer Einigung in der Erbengemeinschaft stören. Problematisch wird es vor allem dann, wenn ein Anwalt ohne das nötige Feingefühl vorgeht und andere Beteiligte direkt angreift. Solche Konfrontationen führen nicht selten zu verhärteten Fronten, die eine gütliche Einigung erheblich erschweren.

Für eine erfolgreiche Nachlassregelung ist es aber entscheidend, dass alle Beteiligten – auch ihre rechtlichen Vertreter – mit Bedacht handeln und den Fokus auf eine lösungsorientierte Zusammenarbeit legen. Der Einsatz eines Anwalts sollte die Kommunikation fördern statt blockieren. Etwas anderes ist es, wenn ein Anwalt als Rechtsbeistand einer Erbengemeinschaft als Ganzes hinzugezogen wird.

Schlichtung vor Angriff

Entscheidet sich die Erbengemeinschaft dazu, rechtlichen Beistand in Anspruch zu nehmen, sollte dies mit der gebotenen Sorgfalt und in Abstimmung aller Beteiligten erfolgen. Ein Anwalt kann schließlich dabei helfen, rechtliche Risiken zu vermeiden, Verträge zu erstellen und steuerliche Fragen zu beantworten. Anwälte sind also immer dann eine Lösung, wenn rechtliche Unsicherheiten auftauchen oder ein Bedarf zur Klärung komplexer Nachlasssituationen besteht.

Nehmen jedoch alle Miterben jeweils einen eigenen Anwalt, engagiert die Erbengemeinschaft damit eine Gruppe von Streitspezialisten, von denen jeder ausschließlich die Interessen seines Mandanten (oder das, was er dafür hält) durchfechten wird. Das Kerngebiet der Fachanwälte für Erbrecht ist also schlussendlich das Erstreiten der Rechte. Allein die Anwesenheit eines Anwalts kann daher erst zu einem Auslöser für Konflikte werden.

Verstehen Sie mich hier bitte nicht falsch: Ich möchte den Beruf des Anwalts nicht schlechtreden. Ich selbst arbeite mit zahlreichen Anwälten zusammen, um mich insbesondere in den unterschiedlichen Rechtsgebieten beraten zu lassen, um so noch bessere Entscheidungen für die Erbengemeinschaft treffen zu können. Hier an dieser Stelle geht es mir nur darum, dass Sie die Rolle des Anwalts in einem Nachlassprozess adäquat einschätzen können, um unnötigen Schwierigkeiten aus dem Weg zu gehen. Es geht also darum, die Fähigkeiten des Anwalts als wichtigen Akteur in der Nachlassverwaltung dort einzusetzen, wo er gebraucht wird, und nicht dort, wo unter Umständen die Kompetenzen eines ganz anderen Spezialisten gefordert wären.

Denn ganz anders als mit Anwälten verhält es sich mit speziell geschulten Mediatoren, mit Notaren und anderen vermittelnd agierenden Fachleuten für die Nachlassregelung. Bei Ihrer Arbeit geht es eben darum, gerichtliche Auseinandersetzungen nach Möglichkeit zu verhindern – eine deutlich kostengünstigere und für alle erheblich stressreduziertere Variante.

Und vergessen Sie bitte nicht: Nachlassverfahren sind nicht selten mit der Aufarbeitung eines ganzen Lebens verbunden. Da reicht es oft nicht aus, stur auf eine bestehende Rechtslage zu pochen. Diese Art Fachwissen wird einem nicht weiterhelfen, wenn eine 75-jährige Erbin nach dem Tod ihres Mannes mit einem Gerichtsbeschluss vor einem sitzt, der sie zur Erstellung eines Nachlassverzeichnisses verpflichtet. Denn allein das Wissen über ein Nachlassverzeichnis, über dessen Zweck und gesetzlichen Sinn befähigt einen noch lange nicht zur korrekten Erstellung eines solchen. Und es kann noch schlimmer kommen. Wie fatal es sein kann, ausschließlich auf den Gesetzestext zu setzen, zeigt zum Beispiel die folgende Fallkonstellation.

Ein Beispiel aus der Praxis

Günther M. verstirbt und hinterlässt seinem Sohn Thomas ein Haus im Wert von 650 000 Euro, für das er seiner Lebensgefährtin im Testament zugleich ein Wohnrecht auf Lebenszeit einräumt. Barvermögen hatte der Verstorbene keines, dafür aber Schulden in Höhe von 35 000 Euro, die mit dem Erbe auf den Sohn übergehen sollten.

In dieser vertrackten Situation erhielt ich den Auftrag für die Testamentsvollstreckung, um die Rechte der Lebensgefährtin sowie die Eintragung des Wohnrechts zu ihren Gunsten im Grundbuch durchzusetzen. Klar, dass hier nichts einfach ablaufen würde: Der Erbe Thomas stand da mit einem Haus, das mit dem Wohnrecht einer dritten Person belastet war. Wer würde so ein Objekt kaufen wollen? Wenn er aber das Erbe antreten würde, müsste er zunächst sein Privatvermögen angreifen, um die offenen Schulden seines Vaters zu tilgen. Und wer hätte sagen können, wann er diesen Verlust unter den gegebenen Bedingungen wieder hätte reinholen können? Außerdem stand noch das Risiko der Erbschaftsteuer im Raum: Die Höhe des Nachlasses hätte berechnet werden müssen und es wäre zu prüfen gewesen, ob nicht auch eine Erbschaftsteuer fällig wäre, die der Sohn hätte ebenfalls aus seinem Vermögen vorstrecken müssen.

Der Entschluss des Erben war also schnell gefallen: Er nahm sich einen Anwalt, ließ sich beraten, schlug das Erbe aus und verlangte anschließend von mir als Testamentsvollstrecker den Pflichtteil. Womit er nicht gerechnet hatte, war, dass das Erbrecht damit per Gesetz auf die nächsten Erbberechtigten überging, also auf seine Tochter Ido und seinen Sohn Leo, der aufgrund einer Erkrankung wiederum unter der rechtlichen Betreuung der Mutter Maria und Ehefrau des Ausschlagenden, hier Thomas, stand. Zwar schlugen auch Ido und Leo das Erbe aus, im Falle der Ausschlagung des Erbes durch Leo versagte allerdings das Betreuungsgericht kurz darauf die Ausschlagung – eine von Gesetzes wegen durchaus sinnvolle Entscheidung, denn es war ein vermögender Nachlass.

Doch was bedeutete das für die Familie als Ganzes? Leo, der unter Betreuung stand, wurde zum Alleinerben. Seine Mutter Maria war als rechtliche Betreuerin eingesetzt. Das Gesetz verlangte in so einem Fall, dass der Pflichtteil des Pflichtteilsberechtigten, hier des Vaters Thomas, gegen den Erben und nicht gegen den Testamentsvollstrecker geltend gemacht werden musste. Folglich musste der pflichtteilsberechtigte Thomas, vertreten durch seinen Anwalt, nun gegen Leo als Alleinerbe, vertreten von der Mutter Maria als gesetzlich bestellte Betreuerin, vorgehen. Das reine Chaos.

Dem Gesetz war Genüge getan, alle Ansprüche waren ja rechtens. Doch waren sie auch sinnvoll? War die Anwendung der gesetzlichen Regelungen in dieser Konstellation in einer Familie angemessen? Nun, das Fazit der Familie selbst fiel eindeutig aus: »Nein! So wollten wir das alles doch gar nicht!« Sie ruderten vehement zurück – zumindest versuchten sie es. Denn was auf Gesetzesebene mal in Fahrt gekommen ist, ist nur schwer aufzuhalten: Die Ausschlagungen und die erhobenen Ansprüche können nicht mehr zurückgenommen werden.

An dieser Stelle war nun auch ich machtlos und konnte die Beteiligten bei jedem weiteren verzweifelten Telefonanruf nur noch an ihre Anwälte verweisen. Denn die hatten jetzt das Ruder übernommen und taten genau das, wofür sie bezahlt wurden. Die Prognose sah jedoch reichlich düster aus. Als sich auch noch das Finanzamt einschaltete, konnte der Anwalt des Pflichtteilsberechtigen Thomas nur noch mit der Vollstreckung des Pflichtanspruchs drohen. Und damit würde zu allem Übel auch noch die Lebensgefährtin des Verstorbenen trotz zugesicherten Wohnrechts möglicherweise ihr Zuhause verlieren.

Was hätte man machen können? Nun, bevor Sie schon bei den ersten Schwierigkeiten den Vorschlaghammer auspacken, sollten Sie die Konsequenzen der einzelnen Möglichkeiten mit einem ausgewiesenen Experten für Nachlassregelung durchgehen. So wäre in dem eben besprochenen Fall nicht nur Fachwissen zum Erbrecht, sondern auch im Bereich des Betreuungsrechts sinnvoll gewesen. Hätte die beratende Instanz sich auch mit Letzterem ausgekannt, dann hätte unser Erbe von Anfang an gewusst, dass speziell für ihn und seine Familie eine Ausschlagung des Erbes keine sinnvolle Entscheidung wäre.

Darüber hinaus hätte es hier auch andere Ansätze gegeben. Vergessen wir nicht: Auch Gläubiger sind Menschen wie Sie und ich, und auch Gläubiger lassen mit sich verhandeln. Man muss nur wissen, wie und wo man ansetzen kann. Meine Erfahrung hat mir gezeigt, dass es immer mehrere Lösungen für ein Problem gibt. Ein Hindernis ist noch lange kein Anlass dafür, stur auf seinem Recht zu beharren, zumal dieses, wie Sie gesehen haben, nicht immer zwangsläufig in Ihrem Sinne gerecht sein wird.

So konnte ich in einem ähnlich gelegten Fall, in dem ich beratend auftreten durfte, folgenden Kompromiss aushandeln: Auch hier gab es ein Erbe in Form eines Hauses und auch hier war der Nachlass mit Schulden behaftet. Der Erbe konnte den Gläubiger nicht bedienen, ohne sein Zuhause aufgeben zu müssen. Doch dank der Verhandlungsbereitschaft aller Beteiligten erreichten wir, dass der Schuldner einen Teilbetrag der Schuld als Darlehen akzeptierte und dass der Rest als Grundschuld inklusive einer vorteilhaften Verzinsung ins Grundbuch des geerbten Objektes eingetragen wurde. So verlor der Erbe nicht sein Zuhause und der Gläubiger war zufrieden. Eine echte Win-Win-Situation.

Dieses Ende hätte ich mir auch für die Familie aus dem vorangegangenen Beispiel gewünscht. Und ich weiß, dass es möglich gewesen wäre.

Aus diesem Grund rate ich jedem, der bei der Nachlassregelung plötzlich vor einem Problem steht:

1. Angriff ist nicht immer die beste Verteidigung.
2. Handeln Sie nicht zu vorschnell.
3. Holen Sie sich frühzeitig kompetente Hilfe an Bord.
4. Und bleiben Sie immer offen für alternative Lösungen – vergessen Sie nicht, dass es immer mehrere Wege zum Ziel gibt.

Manchmal hilft auch etwas Abstand

Sich Zeit nehmen, Alternativen suchen und abwägen kann in Fragen der Nachlassregelung, so paradox das in manchem Ohr zunächst auch klingen mag, am Ende der schnellere Weg zum Ziel sein. Davon bin ich überzeugt und gehe aus genau diesem Grund in manchen Fällen auch einen Schritt weiter: Bestimmte Situationen und Umstände erfordern mehr als einen intensiven Einsatz – sie fordern einen Rückzug. Wenn Sie das Gefühl haben, dass Ihnen alles über den Kopf wächst und die Belastung übermächtig wird, dann rate ich zu einem strategischen Rückzug, zumindest auf Zeit. Haben Sie den Mut und nehmen Sie sich bei Bedarf auch Zeit für Einkehr und Reflexion. Nehmen Sie den Druck raus. Besonders dann, wenn es um die Regelung des Nachlasses eines nahen Angehörigen geht, könnten Sie auch die Entscheidung fällen, sich ganz aus der Sache rauszunehmen und die Nachlassregelung an eine Vertrauensperson oder einen Experten zu übergeben. Auch das können Sie jederzeit machen, wenn Ihnen die Sache zu viel wird.

Natürlich gilt es bei all dem, die gesetzlich verankerten Fristen zu beachten: Sechs Wochen (beziehungsweise sechs Monate, wenn der Erbe im Ausland lebt), um das Erbe anzunehmen oder auszuschlagen, drei Monate im Rahmen der sogenannten Dreimonatseinrede (§ 2014 BGB). Mit der Dreimonatseinrede verschaffen Sie sich die Zeit, die es braucht, um einen komplizierten Nachlass zu sichten und zu ordnen. Und: Sie halten eventuelle Gläubiger auf Abstand.

Was eine gesetzliche Betreuung für die Erben bedeutet

Es ist grundsätzlich als positives Signal zu werten, wenn zu Lebzeiten des Erblassers ein gesetzlicher Betreuer bestellt worden war, denn in einem solchen Fall hat das zuständige Amtsgericht die Betreuung kontrolliert und einen gewissen Einblick in die Vermögensverhältnisse und Verwaltungsabläufe erhalten. Ein gesetzlicher Betreuer unterliegt klaren gesetzlichen Pflichten. Zu seinen Aufgaben gehört insbesondere die Rechnungslegung über die Vermögensverwaltung: Sie muss sämtliche Kontostände, Vermögensverfügungen und damit zusammenhängende Belege enthalten – darunter Kontoauszüge, Überweisungen und Nachweise für Ausgaben oder Einnahmen.

Auf Antrag sind bestimmte nahe Angehörige von der Rechnungslegungspflicht befreit, doch nach dem Tod des Betreuten haben die Erben das Recht, diese Rechnungslegung einzusehen und eine umfassende Dokumentation zu verlangen. Das ist in der Praxis vielen rechtlichen Betreuern nicht ausreichend bewusst – was leider häufig dazu führt, dass wichtige Unterlagen nicht systematisch gesammelt werden. Nach dem Tod kommt es dann oft zu erheblichen Unsicherheiten oder Lücken bei der Nachlassklärung.

Wichtig: Gesetzliche Betreuer dürfen nicht ohne Weiteres über größere Vermögenswerte wie Sparguthaben, Depots oder Immobilien verfügen. Für solche Maßnahmen ist immer eine gerichtliche Genehmigung erforderlich.

Deshalb kann die Tatsache, dass ein gesetzlicher Betreuer eingesetzt war, für die Erben einen gewissen Schutz darstellen: Der Umgang mit dem Vermögen unterlag einer rechtlichen Kontrolle, und die Erben haben die Möglichkeit, Transparenz über die finanzielle Situation des Erblassers zu erhalten – vorausgesetzt, die gesetzlichen Pflichten wurden eingehalten und die Unterlagen vollständig geführt.

Expertenrat ist Gold wert

Die Nachlassregelung ist ein Gebiet, auf dem professionelle Unterstützung gar nicht hoch genug geschätzt werden kann. Im Falle von Immobilien zum Beispiel wird das besonders deutlich: Bei geerbten Immobilien haben wir immer wieder die Situation, dass es sich um vermietete Objekte handelt. Dann geraten Erben, die einen Verkauf wünschen, oft in einen inneren Konflikt: Wenn sie das Objekt frei auf dem Markt anbieten, können sie je nach Marktlage einen höheren Preis fordern. Bieten sie es aus Skrupel heraus den aktuellen Mietern an, dann riskieren sie Kompromisse beim Preis. Wie also sollen sie diesen

Spagat zwischen schlechtem Gewissen und Gewinnorientierung meistern?

Betrachten Sie die Mieter als Option, doch bleiben Sie auch bei den Tatsachen und nutzen Sie all Ihre Chancen. Wie schon gesagt: Es gibt immer mehrere Möglichkeiten, um ans Ziel zu kommen. Und ein Experte wird Ihnen aufzeigen können, welche genau das in Ihrem Fall sind.

Ein Beispiel aus der Praxis

Ein beachtliches Erbe. Eine größere Erbengemeinschaft. Klar: Die einzelnen Erben wollten sparen und möglichst viel vom Erbe haben. So beginnen sie mit der Auseinandersetzung, erhalten den Bescheid über die Feststellung des Grundstückswerts (erhoben vom Finanzamt) und … lassen ihn liegen. Damit verpasst: die Widerspruchsfrist gegen den Bescheid. Das Ende vom Lied: ein völlig überzogener Grundstückswert (doppelt so hoch) und in der Folge eine hohe Steuerlast für alle Erben. Pro Kopf etwa 5 000 bis 8 000 Euro. Ein Steuerberater hätte für alle gemeinsam circa 800 Euro gekostet. Ein teurer Fehler.

Mit der Nachlassregelung verhält es sich also wie mit vielem im Leben: Alle haben ihr jeweiliges Spezialgebiet und niemand kann alles können. So weiß ich, wie eine Schere funktioniert und kann sie auch im Alltag vielseitig einsetzen, doch für einen Haarschnitt gehe ich dann doch lieber zu einem Spezialisten, dem Friseur – schließlich habe ich an die Form meines Ponys etwas höhere Ansprüche als an die Öffnung einer Chipstüte. Und vergessen wir nicht: Haare wachsen nach, während verlorenes Kapital bedeutend schwerer zu ersetzen ist – von Nerven und Gesundheit ganz zu schweigen. Wie aber sieht ein ausgewiesener Experte eigentlich aus? Woran erkenne ich einen solchen?

Ich persönlich halte mich bei diesen Fragen an die folgende Checkliste.

Checkliste für die Spezialisten-Auswahl: Wie erkenne ich einen Profi?

	Anbieter	
	Ja	Nein
1. Verfügt der Profi über ausreichend Erfahrung?	☐	☐
2. Ist der Profi engagiert und für Sie erreichbar?	☐	☐
3. Arbeitet der Profi transparent?	☐	☐
4. Arbeitet der Profi unabhängig, oder ist er in einem für die Abwicklung ungünstigen Netzwerk?	☐	☐
5. Verfügt der Profi über nachweisbare Fachkenntnisse im jeweiligen Themengebiet?	☐	☐
6. Zahlreiche positive Bewertungen im Netz und positive Erfahrungsberichte?	☐	☐

Sie können diese Liste immer dann zurate ziehen, wenn Sie mit einer Aufgabe in Ihrem Nachlassverfahren nicht weiterkommen oder sich bei bestimmten Punkten unsicher sind. Sie wird Ihnen dabei helfen, sich den richtigen Experten an Ihre Seite zu holen.

Gedanken zum Mitnehmen

Auf dem Weg der Nachlassauseinandersetzung werden Ihnen erfahrungsgemäß zahlreiche Herausforderungen begegnen. Scheuen Sie sich nicht, in sensiblen oder komplexen Bereichen rechtzeitig spezialisierte Fachleute hinzuzuziehen. So lassen sich viele Stolpersteine vermeiden und der Weg zur Einigung innerhalb der Erbengemeinschaft wird deutlich klarer und leichter.

5. Phase – Auszahlung und Abschluss: Sie erhalten nun Ihr Geld

Endlich: die Auszahlung! Sind wir an diesem Punkt angekommen, können sich die Beteiligten in der Regel darauf verlassen, dass jetzt keine Unvorhersehbarkeiten mehr auftauchen. Einzig das Finanzamt kann sich noch einmischen und von Amts wegen Bescheide ändern: Ich habe nicht selten erlebt, dass zum Beispiel Gutschriften oder Nachzahlungen nachträglich erhoben wurden.

Sei es nun, dass Sie die Nachlassregulierung professionell ausüben oder sich als Laie zum ersten Mal daran versuchen: Auf das Finanzamt kann leider keiner von uns Einfluss nehmen. Sie können aber alle Miterben über diese noch im Raum stehende Gefahr informieren und angemessen darauf vorbereiten, denn es gibt keine größere Enttäuschung, als sich auf vertraglich festgehaltene Zahlen zu verlassen, die erwarteten Geldmittel bereits im Voraus zu investieren und dann feststellen zu müssen, dass die eigenen Träume nicht realisiert werden können. Daher sollte auch die fünfte, also letzte Phase in unserem Fahrplan nicht kopflos begangen werden. Darüber hinaus ist dies für Sie der Moment, in dem alle Beteiligten das Ergebnis Ihrer gründlichen Recherche und Ihrer umsichtigen Verhandlungen sehen und schätzen können: im Idealfall eine friedlich abgelaufene Nachlassauseinandersetzung ohne Streitigkeiten oder Unklarheiten. Gut gemacht!

Die Auszahlung des Geldes steht nun unmittelbar bevor. Dafür müssen natürlich alle Bankverbindungen der Miterben bekannt sein, damit die im Auseinandersetzungsvertrag festgelegten, geprüften und rechtsverbindlich unterzeichneten Beträge entsprechend überwiesen werden können. Sobald die Auszahlungen erfolgt sind, können die Nachlasskonten aufgelöst werden. Meine Empfehlung an dieser Stelle: Teilen Sie allen am Verfahren beteiligten Parteien schriftlich mit, dass der Nachlass vollständig auseinandergesetzt wurde und die Erbengemeinschaft damit als beendet gilt. Prüfen Sie abschließend, ob für eventuelle Rückfragen ein zentraler Ansprechpartner benannt werden sollte – etwa ein Miterbe oder eine bevollmächtigte Person. Auch diese Person sollte allen Beteiligten genannt werden.

Gedanken zum Mitnehmen

Gehen Sie akribisch und gründlich nochmals alle Schritte rund um Ihr Erbe durch. Prüfen Sie, ob es nicht doch noch versteckte Konten, versteckte Schulden oder Guthaben geben könnte. Holen Sie sich Experten an die Seite, die Sie bei Ihrer Recherche und der Bestandsaufnahme unterstützen können. Vergessen Sie das Finanzamt nicht. Auch hier gilt: Lieber einen Experten fragen, als allein auf das eigene Urteilsvermögen (und damit die gefühlte Wahrheit) zu setzen.

Kapitel 4

Erben-geschichten

Wenn das Erbe zur Zerreißprobe wird

Dass Erben mitunter nicht ganz einfach ist, haben schon die zahlreichen hier angebrachten Beispiele aus der Praxis gezeigt. Jetzt möchte ich mit Ihnen noch tiefer eintauchen und Sie erzählerisch einmal mit in unsere tägliche Praxis nehmen. Sie können sich bestimmt vorstellen, dass wir in über 18 Jahren unseres Bestehens einiges an Nachlassgeschichten erlebt haben. Natürlich gibt es auch viele wenig spektakuläre Fälle, Geschichten, in denen die Verhältnisse glasklar oder die Erben sich schnell einig waren, aber es gab und gibt doch immer wieder solche, die so spannend und mitunter verzwickt sind, dass sie sich gut als Grundlage für den einen oder anderen »Tatort« eignen würden.

Als die Witwe Helene K. mit knapp 90 Jahren stirbt, hinterlässt sie ihren vier Kindern zwei Häuser, ein wenig Schmuck und ein Auto. Da Helene K. kein Testament hinterlassen hat, die Geschwister oder einzelne ihrer Kinder damit auch nicht vom Erbe ausgeschlossen hat, sind automatisch alle Kinder erbberechtigt. Neben all der Trauer um die Mutter scheinen der Erbsachverhalt und die nächsten Schritte ziemlich eindeutig: Bestandsaufnahme – Wertermittlung – Aufteilung, denn alle erben zu gleichen Teilen. Jedoch wird es dann kompliziert: Denn eines der Geschwister, Tobias, lebt schon seit Jahren – mietfrei, wie die anderen herausfinden – in dem Haus der Mutter, in dem sie auch bis zu ihrem Tod lebte. Er hat auch alle Kontovollmachten, hat ihre Verbindlichkeiten geregelt, Arztbesuche organisiert, sie versorgt, sich gekümmert.

Eine vertrackte Situation, denn Tobias' Geschwister sehen sich – trotz Tobias Engagement – benachteiligt, um Teile ihres Erbes betrogen: Tobias lebt als einer der vier Erben bereits in einer der zu vererbenden Immobilien, er ist somit Erbschaftsbesitzer und Generalbevollmächtigter über den Tod hinaus – so die Vollmacht. Seine Geschwister verlangen nun von ihm eine Offenlegung aller Posten, wollen wissen, welche Schritte er unternommen und welche Überweisungen er getätigt hat. Kurz: alles, was nach dem Tod der Mutter, insbesondere auf den Konten passiert ist. Tobias reagiert jedoch nicht und taucht ab.

Eine der Erben beauftragt schließlich einen Anwalt. Dieser fordert von Tobias Auskunft über den Nachlassbestand (siehe Kapitel 7) – also eine Aufstellung aller Vermögenswerte und Verbindlichkeiten der Verstorbenen, die im Rahmen des Erbfalls relevant sind, und widerruft die Vollmacht. Allerdings: Schon die anwaltliche Aufforderung zur Verzeichniserstellung lässt die Fronten zwischen den Geschwistern weiter verhärten.

Tobias' Schwester wird das alles zu viel und möchte aussteigen. Sie will von dem Erbe nichts mehr wissen und lieber verzichten, als diesen Konflikt weiter auszuhalten. Der Wunsch nach Harmonie ist nachvollziehbar, aber in diesem Fall leider unrealisierbar, weil die Frist zur Ausschlagung zu diesem Zeitpunkt bereits verstrichen ist. Denn Tobias' Schwester ist Teil der Erbengemeinschaft und damit Teil einer Art Zwangsgemeinschaft. Die Erben müssen sich miteinander verständigen und eine gemeinsame Entscheidung treffen. Und das tun sie letztlich auch: Neben dem Nachlassverzeichnis wollen die Geschwister von Tobias auch eine Nutzungsentschädigung für die mietfrei genutzte Immobilie. Ergänzend zum Nachlassverzeichnis erstellen sie daher eine sogenannte Nutzungsentschädigung, das heißt, sie fordern Tobias zu Mietzahlungen für die Immobilie auf. Die Höhe legen sie selbst fest, müssen sich dabei aber am ortsüblichen Mietzins orientieren. Die Geschwister wollen den Bruder auch rückwirkend zur Kasse bitten – schließlich wohne er ja schon seit Jahren mietfrei dort. Ein berechtigter Wunsch, aber leider juristisch schwierig. Denn ein Zahlungsanspruch besteht erst, nachdem die Nutzungsentschädigung gefordert wird. Möglicherweise könnte eine Anrechnungspflicht auf Tobias' Erbanteil infrage kommen, das müsste jedoch rechtlich überprüft werden.

Doch Tobias zahlt nicht – und die Fronten verhärten sich weiter, die Geschwister sind ratlos, wütend, enttäuscht. Und: Die drei sind sich nicht einig darüber, ob sie juristisch weiter gegen den Bruder vorgehen oder lieber den vermittelnden Weg beschreiten wollen. Ich werde schließlich von den dreien beauftragt. Auch Tobias schreibe ich an und schlage eine einvernehmliche Auseinandersetzung vor. Nach einem Telefonat mit ihm sehe ich seinen Schmerz und seine Enttäuschung darüber, dass er von seinen Geschwistern keine Anerkennung für die Arbeit und Pflege erhalten hat. Einen Rechtsstreit möchte aber auch er nicht. Ihm ist bewusst, dass solche gerichtlich ausgetragenen Streitfälle sich über Jahre ziehen können. Am Ende wären dann nicht nur die Geschwister hoffnungslos zerstritten, sondern auch das Erbe futsch.

Unsere Lösung: Wir vermitteln neutral zwischen den Beteiligten. Der Nachlass wird zunächst in einem Nachlassverzeichnis zusammengefasst und allen Beteiligten zur Einsicht überlassen. Die Transparenz sorgt dafür, dass sich die Spannungen auflösen. Denn die vorliegenden Unterlagen zeigen, dass das Vermögen gut verwaltet wurde; das Misstrauen verflüchtigt sich. Obwohl nun alle zusammenarbeiten, müssen die Beteiligten keine direkten Gespräche führen. Über streitige Punkte informieren wir sie neutral und suchen nach möglichen Lösungsansätzen. Die drei Geschwister verzichten schließlich auf die Geltendmachung einer Nutzungsentschädigung und einigen sich darauf, dass Tobias das Haus zu dem Preis übernimmt, den das Kurzwertgutachten ermittelt hatte. Die Kosten dafür wird er rückwirkend zum Todestag allein tragen. Gemeinsam ermitteln wir im Zuge des Mandats die weiteren Werte, schlüsseln auf, was alle jeweils zu erwarten haben, und finden auch Lösungen für individuelle Wünsche – etwa für die Schwester, die ein besonderes Schmuckstück der Mutter als Andenken haben möchte. Am Ende steht ein Kompromiss, mit dem alle leben können – und die Versöhnung der Geschwister.

Plötzlich Millionär – Wie ein Erbe das Leben auf den Kopf stellte

Ein beachtliches Erbe von über 3 Millionen Euro, aber keine Erben in Sicht. Ein Fall, den es gar nicht so selten gibt, und ein Fall, mit dem das Nachlassgericht unsere Kanzlei als Erbenermittler beauftragt hatte. Auf den ersten Blick hatte Hans K., unser Erblasser, keine Verwandtschaft mehr. Seine Frau war lange vor ihm gestorben, Kinder gab es offenbar nicht.

Um herauszufinden, wer mit ihm verwandt gewesen war, haben wir zunächst alle öffentlichen Register, also Geburts-, Heirats-, Sterberegister, durchsucht. Hatte er Geschwister, Onkel, Tanten, Cousinen oder Cousins, Neffen, Nichten? Nach einiger Zeit werden wir schließlich fündig und entdecken den Sohn einer Großcousine Hans K.s, zu dem er selbst keinerlei Kontakt pflegte, wie wir später erfahren werden.

Nachdem klar war, dass wir hier den richtigen und vor allem einzigen Erben gefunden hatten, rief ich ihn an. Sie können sich vorstellen, wie der Mann, selbst schon 53 Jahre alt, reagierte. Nach anfänglicher Skepsis war er überwältigt – sein ganzes Leben hatte sich schlagartig verändert. Er setzte sich in den Zug und kam am nächsten Tag in unsere Kanzlei. Das Erbe machte ihn unabhängig – trotz der nicht unerheblichen Erbschaftsteuer. Sie richtet sich übrigens nach dem Verwandtschaftsgrad des Erben – am wenigsten zahlen in Steuerklasse I direkte Erben, wie Ehepartner, Kinder, Stiefkinder, Enkel, die zudem einen hohen Freibetrag geltend machen können: Bei Kindern liegt er bei 400 000 Euro, bei Ehepartnern sogar bei 500 000 Euro. Unser Erbe landet aufgrund seiner eher weitläufigen Verwandtschaft zum Verstorbenen in Steuerklasse III, musste also nach Abzug seines Freibetrags von 20 000 Euro den Rest der Summe mit 30 Prozent versteuern.

Und doch bleibt genug für sein Altenteil. Denn genau das beschloss er in einem Gespräch mit mir. Er kündigte seinen Job, zahlte seine Schulden, legte einen Teil des Vermögens an und lebte. Eine schöne Geschichte vom Erben, wie ich finde.

Das verschwundene Testament – und die Folgen für vermeintliche Erben

Wer erben will, muss beweisen, dass er erbberechtigt ist. Liegt kein Testament vor, spricht man von der gesetzlichen Erbfolge. Und die legt das Bürgerliche Gesetzbuch in den §§ 1924–1936 fest. Dabei werden die Erden in verschiedene Ordnungen unterteilt – ihre Reihenfolge entscheidet die Erbreihenfolge. Erben erster Ordnung sind danach Ehepartner, Kinder (einschließlich Adoptiv- und Stiefkinder), Enkel und Urenkel; Erben zweiter Ordnung Eltern, Geschwister, Nichten und Neffen; Erben dritter Ordnung Großeltern, Onkel und Tanten. Erben vierter Ordnung und höher schließlich sind vor allem entfernte Verwandte. Als Faustregel kann man sich merken: Je näher die Verwandtschaft zum Erblasser, desto höher der Anspruch aufs Erbe. Liegt dagegen ein Testament vor, erbt, wer hier genannt wird, muss aber an Pflichtteilsberechtigte, wie Ehepartner oder Kinder, jeweils die Hälfte des gesetzlichen Erbteils abgeben, den die pflichtteilsberechtigte Person erhalten hätte, wenn sie nicht enterbt worden wären.

In diesem Fall geht es um das Erbe von Kurt S. Der Witwer – seine Frau war 14 Jahre vor seinem Tod verstorben – beschäftigte fünf Frauen, die seinen Alltag organisierten und regelten: Eine kochte, eine putzte, eine wusch, eine andere fuhr ihn, eine weitere erledigte Organisatorisches. Die Damen hatten ihn gut versorgt. Als Dankeschön hatte Kurt S. allen fünf die Berücksichtigung in seinem Testament in Aussicht gestellt. Ein Testament übrigens, das einiges an Vermögenswerten hätte verteilen müssen. Denn der Witwer hatte klug gewirtschaftet und konnte so am Ende seines Lebens ein sattes Vermögen von 2,8 Millionen Euro, ein Aktiendepot, ein Haus und ein Auto sein Eigen nennen. Klar, dass seine Helferinnen die Aussicht auf dieses Erbe mehr als verlockend fanden.

Das Nachlassgericht übertrug uns die Nachlasssicherung und die Erbenermittlung. Aufgeregt kontaktierten uns die Damen und stellten sich bereits als Erben vor. Sie teilten mir mit, dass es ein Testament geben müsse. Sie hatten selbst schon das ganze Anwesen danach auf den Kopf gestellt, aber nichts gefunden. Mehr als sein mündliches Bekenntnis hatte bis dahin also keine von ihnen in der Hand, um die Erbberechtigung belegen zu können. Der mündlich verkündete letzte Wille hat nur in Form eines sogenannten Nottestaments Gültigkeit, es muss im Beisein von drei Zeugen verkündet werden und der Erblasser muss sich in akuter Todesgefahr befinden. Außerdem ist es nur drei Monate lang gültig. In diesem Fall gab es eine solche Willensbekundung allerdings nicht, sondern nur fünf Damen, die jede für sich die mündliche Absicht des Witwers, sie im Testament zu bedenken, erklärten.

Kurt S. hätte seinen Willen also schriftlich niederlegen müssen, in einem persönlichen oder notariellen Testament – nur auf dieser Grundlage entsteht die Erbberechtigung. Und er hätte bestimmte Formvorschriften einhalten müssen. Dazu gehören:

- Die Schriftform: per Handschrift, eigenhändig und lesbar,
- Die Unterschrift: mit vollständigem Vor- und Nachnamen sowie
- Datum und Ort, um es zeitlich einordnen zu können.

Ebenfalls wesentlich ist die Testierfähigkeit. Wer ganz sichergehen möchte, lässt das Testament durch einen Notar aufsetzen.

In unserem Fall schien es den schriftlichen letzten Willen nicht zu geben. Auch wenn wir nochmals Haus und Grundstück durchsuchten, das Tagebuch nach eindeutigen Einträgen checkten, nach möglichen Schließfächern suchten. Wir mussten feststellen: Es gab kein Testament – die fünf Damen gingen leer aus. So sehr ich diese Tatsache für die fünf auch bedauerte, einen rechtlichen Anspruch auf ein Erbe ließ sich einfach nicht belegen. Und so endete diese Geschichte nur für die glücklichen, also die rechtmäßigen Erben. Im Fall von Kurt S. waren es 32 Verwandte dritter Ordnung.

Erbstreit um jeden Preis – Wie ein Betreuer sich zum Alleinerben erklärte

Im Mittelpunkt: ein Millionenvermögen. In den Hauptrollen: der Verstorbene Manfred H., seine 72-jährige Schwester und ein rechtlich bestellter Betreuer. Manfred H., knapp 80-jährig, verwitwet, war auf Hilfe angewiesen. Gesundheitlich ging es ihm nicht sonderlich gut, er war nicht mehr gut auf den Beinen, musste betreut werden. Zwei Jahre lang kümmerte sich Oskar S. um den alten Mann, sorgte für die Wahrnehmung der Arzttermine, achtete auf die pünktliche und vollständige Medikamenteneinnahme, erledigte wichtige Behördengänge. Manfred H. vertraute ihm. Offenbar bedingungslos.

Nach dem Tod des Witwers ernannte sich Oskar S. zum Erben, denn Manfred H. hat ihn kurz vor seinem Tod in seinem Testament bedacht. Der Witwer hat keine Kinder, wohl aber eine Schwester: Sieglinde, die für ihr Alter noch äußerst rüstig war und dem Betreuer ihres Bruders in keinem Fall das Erbe überlassen wollte. Sie war überzeugt, dass Oskar S. die Betreuung ihres Bruders ausgenutzt und ihn beeinflusst habe. Sie zog vor Gericht, um zu beweisen, dass ihr Bruder sein Testament zugunsten des Betreuers nicht aus freien Stücken verfasst hatte. Zwei Jahre lang kämpfte sie und das Gericht gab der Schwester recht. Der Erblasser war nicht mehr testierfähig, was die Schwester mit einem Gutachten nachweisen konnte.

Kapitel 5

Weil mit dem Tod nicht alles endet –

Warum es klug ist, heute vorzusorgen

Wie man im Fall einer Generalbevollmächtigung agiert

Eines im Leben steht fest: Es wird irgendwann enden – aber mit dem Tod ist noch lange nicht alles vorbei, was ein Leben ausgemacht hat. Oftmals bleibt neben den Erinnerungen ein Erbe aus Immobilien, Bankkonten, Versicherungen, digitalen Zugängen, persönlichen Verpflichtungen und letztlich auch familiären Erwartungen. Wer nicht rechtzeitig vorsorgt, überlässt den Hinterbliebenen unter Umständen das reine Chaos. Dabei lässt sich vieles regeln – klug, klar und menschlich. Besonders wirkungsvoll hierfür: eine Generalvollmacht. Sie kann in den entscheidenden Momenten dafür sorgen, dass jemand handelt, wenn man selbst es nicht mehr kann – und so nicht nur im Sterbefall, sondern auch bei Krankheit oder Unfall rechtlich handlungsfähig bleiben.

In meiner Rolle als Nachlassabwickler stoße ich häufig auf Schwierigkeiten mit Generalbevollmächtigten, die vom Erblasser eingesetzt wurden. Sie genießen in der Regel sein volles Vertrauen und haben umfassende Befugnisse. Oft sind sie überrascht, wenn die Erben nach dem Tod des Erblassers Auskunft verlangen, reagieren dann mit Unverständnis.

Wichtig: Generalbevollmächtigte haben eine Rechenschaftspflicht gegenüber den Erben. Sie müssen darlegen, wie sie mit dem Vermögen verfahren sind. Viele sind auf diese Situation nicht vorbereitet und müssen oft nachträglich eine Art Buchhaltung erstellen. Im schlimmsten Fall, beispielsweise wenn sie Immobilien ohne Wertgutachten verkauft haben, können sie für ihre Handlungen haftbar gemacht werden. Die Erben wiederum sollten die Vollmacht genau prüfen und sie gegebenenfalls widerrufen, insbesondere wenn sie über den Tod des Erblassers hinaus gültig ist. Sie haben das Recht auf Informationen über die Vermögensverwaltung. Doch oft stoßen sie auf Hindernisse, da viele Generalbevollmächtigte ihre Aktivitäten nicht ordnungsgemäß dokumentiert haben. Die Erben könnten die Bevollmächtigten für die gewünschten Informationen verklagen, aber dieser Prozess kann sich über Monate oder sogar Jahre hinziehen.

Wichtig: Generalbevollmächtigte müssen die Handlungen, die sie nach außen getätigt haben, im Innenverhältnis gegenüber den Erben rechtfertigen und möglicherweise auch für Schäden aufkommen. Ein häufiges Problem ist der Missbrauch der Vollmacht, besonders in Fällen, in denen der Erblasser die Kontrolle über den Bevollmächtigten verloren hat.

Ich erinnere mich an einen Fall, in dem ein Generalbevollmächtigter kurz vor dem Tod des Erblassers mehrfach ein Schließfach besuchte, das dann später leer war. Nachforschungen ergaben, dass in diesem Schließfach zuvor 300 000 Euro gelegen hatten. Der Bevollmächtigte behauptete, es handele sich um eine Schenkung, was wir jedoch bestritten. Schließlich empfahl das Gericht einen Vergleich. Leider sind Probleme mit Generalbevollmächtigten in Nachlassfällen weitverbreitet. Oft müssen sie etwas nachweisen, was sie dann aufgrund fehlender Unterlagen aber nicht können. Die Erben haben zwar das Recht, sie zu verklagen, aber die Durchsetzung von Urteilen kann langwierig sein.

Tipp für Generalbevollmächtigte: Notieren Sie sich alles – und seien Sie dabei pingelig. Wirklich genau. Alle Belege und Kontoauszüge bis zum letzten sammeln. Und wenn Sie für den Erblasser Bargeld abheben oder sich auszahlen lassen, lassen Sie es sich abzeichnen! Dann sind Sie in einer Sicherheitszone und es kann nicht viel passieren.

Erbschaftsverfahren: Es geht um mehr als nur Geld

Die wirtschaftliche Sichtweise ist bei der Regelung eines Nachlasses von enormer Bedeutung. Doch sie darf bei allen Vorteilen Ihren Blick für die andere Seite der Medaille nicht verstellen: Denn wie man ein Erbe antritt, ist mehr als eine rein monetäre Frage. Erbengemeinschaften setzen sich meist aus unterschiedlich weit entfernten Verwandten zusammen. Und innerhalb von Familien sind offene, teils über Jahre schwelende Konflikte oft an der Tagesordnung. Eltern-Kind-Streitigkeiten, Rivalitäten unter Geschwistern, Unstimmigkeiten zwischen Cousins oder Enkelkindern – die Palette ist ebenso bunt wie die Familien selbst. In genau solchen Situationen kann ein Erbfall aber auch eine Chance zur Heilung sein. Denn er zwingt regelrecht alte Konflikte ans Licht und uns dazu, endlich eine gemeinsame Lösung für sie zu finden. In geführter Form und mit dem richtigen Konfliktmanagement kann eine Nachlassregulierung daher auch als Weg zur Versöhnung bei Familienstreitigkeiten begangen werden – ein Aspekt, der in der rein wirtschaftlichen Betrachtung des Erbens häufig übersehen wird.

In meiner Funktion als Nachlassverwalterin konnte ich den Verlauf von Familienkonflikten hautnah miterleben. Oft entwickeln sie sich aus Kleinigkeiten, und sie arten mit der Zeit immer mehr aus. Das geschieht vor allem dann, wenn ihnen nicht schon frühzeitig auf den Grund gegangen wird – also dann, wenn wir die Unstimmigkeiten einfach aussitzen wollen. Doch so funktioniert das nicht: Familienkonflikte sind keine Erkältung, die wir mit Ruhe und Schlaf und viel Tee wegimaginieren können. Sie müssen aktiv angegangen werden.

Stellen Sie sich vor, Sie haben schon seit Jahren ein angespanntes Verhältnis zu einem Familienmitglied. Eine Lösung für das Problem ist nicht in Sicht. Also was tun? Nun, in der Regel heißt das für die meisten: den Konflikt vermeiden. Und da der Konflikt an einen Menschen gebunden ist, heißt das wiederum: den Menschen meiden. Wie soll sich da in Ihrem Verhältnis zu dieser Person jemals etwas ändern?

Tritt aber ein Todesfall in der Familie ein und Sie sowie der ungeliebte Verwandte werden Teil einer Erbengemeinschaft, dann kollidieren dabei mindestens zwei Aspekte:

1. Sie sind gezwungen, mit dieser Person an einem Verhandlungstisch zu sitzen und gemeinsame Entscheidungen zu treffen. Sie *müssen* also wieder miteinander reden.
2. Hinzu kommen eventuell die Trauerarbeit und der Schmerz um das verlorene Familienmitglied, denen jeder von Ihnen auf seine Art Raum geben wird.

Und gerade wenn der Schmerz am größten ist, kommen alte Streitigkeiten besonders leicht wieder ans Licht. Dann brauchen Sie jemanden an Ihrer Seite, der moderierend eingreift und Ihre Aufmerksamkeit von Fragen, wie

- Wer kriegt mehr?
- Wer wird übergangen?
- Ist das überhaupt fair?

auf die eine wirklich bedeutende Frage lenkt:

- Warum bin ich auf die andere Person so wütend?

Das ist der Ausgangspunkt für die Lösung jedes Familienkonflikts – wie auch immer die Antwort darauf ausfallen mag. Ob diese Antwort zur Wiederherstellung von Verständnis und Zuneigung zwischen den Familienmitgliedern führt oder aber zu der Einsicht, dass zum Wohl aller jeder seiner Wege gehen sollte. Der Ausgang ist nicht wichtig. Hier zählt einzig, dass der Elefant im Raum endlich benannt wird und nun in die Freiheit entlassen werden kann. Diese Gelegenheit sollte man also nutzen und den Erbfall als Chance zur Selbstreflexion sehen:

- Woher kommen diese Konflikte?
- Was ist bisher schiefgelaufen?
- Welche ungelösten Themen mit den Eltern spiegeln sich im Verhältnis zu den Geschwistern wider?
- Warum arbeitet man nicht lieber an sich selbst, statt alles auf andere zu projizieren?

Solche Fragen können äußerst hilfreich sein – für die Beteiligten im Privaten und auch für die Abwicklung des Erbfalls.

Inwiefern diese Denkweise förderlich für den Prozess der Nachlassregulierung sein kann, ist offensichtlich. *Doch wie hilft sie den Betroffenen persönlich weiter?* Das passende Stichwort lautet hier Verantwortung. Denn in einem Erbfall haben wir alle die Möglichkeit, Verantwortung für all das zu übernehmen, was in der Vergangenheit passiert sein mag. Es ist leicht, die Schuld auf andere abzuwälzen. Zu erkennen und vor allem anzuerkennen, für welche Probleme man selbst geradestehen sollte, und sich mit alten Wunden aktiv und nachhaltig auseinanderzusetzen, bedeutet inneres Wachstum.

Auch ich durfte diese Erfahrung machen. Denn auch in meiner Familie gab es belastende Konflikte, die dazu führten, dass sich Familienmitglieder über ein Jahrzehnt lang kaum gesehen hatten. Erst der Tod meiner Großmutter zwang uns wieder an einen Tisch. Doch wir nutzten die Gelegenheit: Wir starteten neu! Und erfahrungsgemäß schaffen das viele der ehemals verfeindeten Erben. Die Aussichten sind demnach alles andere als hoffnungslos. **Ein Erbfall ist also eine Chance für persönliches Wachstum, denn es geht dabei auch um die intensive Auseinandersetzung mit sich selbst und den eigenen Wurzeln, Emotionen und Beziehungen.** Die damit einhergehende Trauer wirkt wie ein Katalysator, der längst Vergessenes und Verdrängtes an die Oberfläche spült.

Ohne Frage: Es ist wichtig, dieser Trauer um den Verlust eines geliebten Menschen Raum zu geben und sich die Zeit zum Abschied zu nehmen. Doch darüber hinaus sollte man nie den Silberstreif am Horizont aus den Augen verlieren, der sich einem bei dieser Gelegenheit eröffnet. Daher mein Rat an alle Erben in einer Konfliktsituation: **Übernehmen Sie Verantwortung für Ihre Gefühle** und gehen Sie ihnen auf den Grund. Tun Sie dies für sich selbst! Und es wird Ihnen helfen, besser zu verstehen, was Sie im Leben zurückhält oder welche Themen etwas besonders in Ihnen auslösen.

Einfühlungsvermögen hat nichts mit Sentimentalität zu tun

Dass wir bei der Abwicklung eines Erbfalls den menschlichen Faktor berücksichtigen und wertschätzen, ist aber nicht gleichbedeutend damit, dass wir in Sentimentalitäten zerfließen. Diese zwei Einstellungen sollten Sie strikt auseinanderhalten. Ebenso wichtig ist es, dass wir uns als Kanzlei für Nachlassangelegenheiten bei der Nachlassregulierung von jeglicher emotionalen Beratung distanzieren. Unsere Aufgabe besteht darin, Fälle sachlich und objektiv zu bearbeiten und dabei Emotionen aus dem Prozess herauszuhalten. Es liegt nicht in meinem Verantwortungsbereich, als Therapeut aufzutreten oder unaufgefordert Ratschläge zu geben, sondern meine Rolle besteht darin, die Beteiligten dazu anzuregen, selbst Verantwortung für die eigenen Probleme zu übernehmen. Bei einem Bedarf für seelsorgerische Intervention rate ich meinen Mandanten hingegen immer zu einem professionellen Therapeuten.

Das Herausnehmen von Emotionalitäten aus einem Fall hat seine Berechtigung: Denn so soll der Prozess übersichtlicher und handhabbarer werden. Es hilft Ihnen dabei, das Wesentliche im Blick zu behalten und effizient zu arbeiten. Es ist natürlich auch verständlich, wenn ein Fall doch mal in die emotionale Ebene abrutscht. Und Sie müssen auch nachvollziehen können, was der Grund für einen emotionalen Ausbruch in der jeweiligen Situation ist. Zugleich sollten Sie aber auch den Fokus wieder auf die Sachlage zurücklenken können:

- Wie sieht unser Weg aus?
- Was haben wir vereinbart?
- Was wollen wir gemeinsam erreichen?

Ihre Aufgabe besteht nicht darin, die langjährigen persönlichen Probleme der Miterben zu lösen, sondern allein in der zügigen, aber bedachten Abwicklung ihres Erbfalls.

Nehmen wir zum Beispiel den zuvor besprochenen emotional beladenen Punkt Schmuck: Ohne die lähmende emotionale Bindung zu den Gütern sollte es für Sie darum gehen, welchen Lösungsansatz Sie für welche Ansprüche einer Erbengemeinschaft anbieten können. Und derer gibt es mehrere:

- vollständig unter den Erben verteilen,
- einzelne Stücke verteilen,
- an einen Händler verkaufen, der den Goldwert bemisst, oder
- versteigern, vorausgesetzt der Schmuck hat einen entsprechenden Wert et cetera.

Sie müssen diese Optionen kennen und auch ihre jeweiligen Konsequenzen. Und wenn Sie wissen, was jeder einzelne Erbe möchte, dann können Sie sachlich die vorteilhafteste Lösung beurteilen. Gesetzt den Fall aber, dass Sie mit einem Nachlassgegenstand eine emotionale Verbindung spüren und den Gegenstand unbedingt übernehmen möchten, dann teilen Sie das den anderen Beteiligten offen mit. Finden Sie eine faire Lösung, wie die Übernahme aussehen könnte. Versuchen Sie also nicht, im Geheimen den Wert zu drücken. Dies würde die anderen

Beteiligten nur irritieren und stutzig machen. Halten Sie sich lieber an die Devise: Mitgefühl und Verständnis statt Mitleid und *dirty tricks*.

Das Problem mit dem Ego, oder auch: Das Bedürfnis, gesehen zu werden

Natürlich kann nicht jede Konfliktsituation durch wohldosiertes Einfühlungsvermögen und eine gut recherchierte Faktenlage aufgelöst werden. Deshalb sind wir Menschen: Wir können trotz unserer Fähigkeit zum rationalen Denken immer noch irrational handeln. Eine große Rolle spielt dabei unser Ego.

In meinem Berufsalltag begegne ich immer wieder Menschen, die sich in ihrem Ego »verfangen«. Dann stelle ich meistens fest, dass es bei solchen Erbschaftsstreitigkeiten um mehr als nur Geld oder Besitztümer geht: **Neid und das Gefühl, ungerecht behandelt zu werden**, kommen ins Spiel und lassen den eigentlichen Sachverhalt in den Hintergrund treten.

Ein gutes Beispiel dafür ist ein Klient, der mich erst neulich aufsuchte: Als ältester Sohn hatte er zu Lebzeiten seiner Eltern einen Bauernhof im Wert von 1,5 Millionen Euro erhalten. Seine Geschwister gingen zunächst leer aus. Nach dem Tod des letzten Elternteils blieben aus ihrem Nachlass 200 000 Euro Barvermögen übrig, die entsprechend dem Testament nun unter seinen Geschwistern aufgeteilt wurden. »Alles fair abgelaufen«, würden Sie sagen?

Nicht für den ältesten Sohn: Er kam zu mir mit der Frage, ob ihm nicht auch ein Anteil an diesen 200 000 Euro zustünde. Ich musste kurz schlucken, denn: Er hatte den Hof bekommen. Das spielte für ihn jedoch keine Rolle. In meinem Kopf rotierten also sofort Fragen:

- Wie kann ich ihm helfen?
- Was treibt ihn an?
- Fühlt er sich ungerecht behandelt?
- Wenn ja, warum?
- Wo liegt das eigentliche Problem?

Wären die Fragen andere, wenn seine Geschwister diejenigen gewesen wären, die die Entscheidung der Eltern infrage gestellt hätten? Schließlich hat ihr Bruder objektiv gesehen einen viel größeren Anteil aus dem Nachlass der Eltern erhalten.

Welche persönlichen Beweggründe hier den ältesten Sohn zu einem solchen Handeln veranlassten, lässt sich nicht sagen – eine monetäre Benachteiligung war es sicherlich nicht. Umso wahrscheinlicher ist es, dass hier Verletzlichkeiten und eine eigene Sichtweise das Gewicht der Faktenlage aushebeln und ihn glauben machen, er wäre im Recht.

Solchen Situationen können wir in der Nachlassregulierung nur mit Kommunikation, Sachlichkeit und konkreten Zahlen begegnen. Der Nachlass war bereits auseinandergesetzt – was meine Kernaufgabe ist. Die Fallübernahme musste ich daher ablehnen. Die vielen Fragen blieben ungeklärt.

Gedanken zum Mitnehmen

Wer sein Ende nicht vordenkt, hinterlässt seinen Angehörigen oft Chaos. Hilfreich: eine Generalvollmacht – aber sie birgt auch Risiken. Denn Generalbevollmächtigte müssen Rechenschaft ablegen und den Miterben nachvollziehbar und transparent zeigen, wie sie agiert haben. Heißt: Konflikte sind vorprogrammiert. Auch dann, wenn eigentlich alles klar ist. Denn ein Erbe ist mehr als die bloße Verteilung von Geld oder Immobilien. Es bringt alte Familienstreitereien ebenso ans Licht wie Verletzungen oder das Gefühl der Zurückweisung. Aber: Es kann auch die Chance für Klärung und Versöhnung sein. Wenn Sie erben, übernehmen Sie Verantwortung – rechtlich und emotional – und sollten den Prozess mit Klarheit, Sachlichkeit und Einfühlungsvermögen gestalten.

Kapitel 6

Spezialfälle

Digitales Erbe: Was passiert mit Onlineaccounts?

Hier hat der Bundesgerichtshof vor einigen Jahren (2018 und 2020) klar entschieden: Onlineaccounts, wie in den Social Media oder auf anderen Webseiten, eines Verstorbenen gehören zum (digitalen) Erbe. Und: Die Erben haben Zugriff, dürfen aber nicht mehr aktiv werden. Schwierig wird es allerdings bereits beim Kontozugriff. Denn viele Anbieter geben die Accountdaten nur gegen Nachweis, wie Erbschein oder Sterbeurkunde, weiter. Haben Sie erfolgreich Zugang erhalten, können Sie das Konto jetzt löschen oder in einen sogenannten Gedenkzustand versetzen – diese Möglichkeit bietet etwa das zum Meta-Konzern gehörende Facebook an. Andere Online-Dienste wie Streamingdienste wie Netflix oder Disney+, die kostenpflichtig gebucht wurden, müssen gekündigt werden, sonst laufen die Kosten weiter. Die Herausforderung für die Erben: eine Übersicht aller Accounts und der unterschiedliche Umgang der verschiedenen Plattformen mit dem Tod eines Kontoinhabers. Das erfordert – wie so oft – im Erbprozess Detektivarbeit.

Gerichtsbeschlüsse aus der EU oder Deutschland sind für US-Unternehmen nicht automatisch bindend, insbesondere wenn diese Unternehmen keine Niederlassung innerhalb der EU-Grenzen haben. Dies führt in der Praxis häufig dazu, dass Anfragen auf Herausgabe von Daten oder Informationen ins Leere laufen. Der Konflikt zwischen europäischem Datenschutzrecht und US-amerikanischem Recht basiert auf unterschiedlichen Rechtsauffassungen: EU-Datenschutzrecht (zum Beispiel DSGVO) betont den Schutz personenbezogener Daten und gewährt Bürgern weitreichende Rechte über ihre Daten, während das US-Recht (zum Beispiel CLOUD Act, Patriot Act) den US-Behörden unter bestimmten Umständen den Zugriff auf Daten erlaubt, auch wenn diese außerhalb der USA gespeichert sind, was wiederum mit den EU-Datenschutzprinzipien kollidiert.

Diese unterschiedlichen Ansätze führen dazu, dass US-Unternehmen sich oft nicht verpflichtet fühlen, EU-Gerichtsbeschlüsse zu befolgen, insbesondere wenn sie keine physische Präsenz in der EU haben. Für spezifische Fragen sollten Sie hierbei einen Fachanwalt für Datenschutzrecht konsultieren.

Gedanke zum Mitnehmen

Im Idealfall erstellt man schon zu Lebzeiten eine Liste mit den Zugangsdaten zu allen Accounts.

Internationales: Was gilt bei Auslandsvermögen?

Hier muss geklärt werden, welches nationale Erbrecht zur Anwendung kommt. In der EU gilt eine EU-weite Erbschaftsreglung nach der EU-Erbrechtsverordnung. Sie soll Konflikte zwischen den verschiedenen nationalen Rechtsordnungen vermeiden. Grundsätzlich gilt das Recht des Staates, in dem der Verstorbene seinen letzten Wohnsitz hatte. Kompliziert wird es bei Immobilien, denn befinden sich diese im Ausland, kann es zu einer Spaltung des Nachlasses kommen – heißt: Für einzelne Teile des Nachlasses könnten in einem solchen Fall unterschiedliche Rechtsordnungen gelten. Außerdem müssen ländereigene Steuerregelungen berücksichtigt werden.

Gedanke zum Mitnehmen

Ist das Erbe auf mehrere Länder verteilt, sollten Sie sich auf die externe Expertise eines Spezialisten für internationales Erbrecht verlassen. Helfen kann hier unter anderem der Anwalt-Suchservice: https://www.anwalt-suchservice.de

Minderjährige Kinder erben – und nun?

Natürlich können auch Kinder erben. Übrigens gilt das schon für gezeugte, aber noch nicht geborene Kinder. Was aber tun, wenn ein achtjähriges Kind Millionen oder Immobilien erbt? Mit kluger Vorsorge kann das Problem gemeistert werden, denn schon im Testament kann man festlegen, wer zum Beispiel als Testamentsvollstrecker das Vermögen verwalten soll. Um mögliche Konflikte zu vermeiden, sollten im Testament klare Anweisungen hinterlassen werden.

> **Gedanke zum Mitnehmen**
>
> Klare, testamentarisch festgelegte Regelungen vermeiden Konflikte.

Bonusfamilien: Wer erbt, wer nicht?

Wenn sich Familien neu finden (und erfinden), wird es bei der Erbfolge komplex, denn oft sind die rechtlichen Ansprüche der Stiefkinder oder nicht leiblichen Kinder unklar. Auch hier hilft ein Testament, das genau festlegt, wer begünstigt werden soll oder eben auch nicht. Natürlich können Sie Ihre Bonuskinder (also nicht leiblichen Kinder) zu Erben machen – aber eben nur testamentarisch oder, noch verbindlicher, mit einem Erbvertrag. Um Missverständnisse oder Konflikte gar nicht erst entstehen zu lassen, hilft auch hier eine klare und umfassende Kommunikation mit allen Beteiligten.

> **Gedanke zum Mitnehmen**
>
> Bonuskinder erben nur dann, wenn sie im Testament oder Erbvertrag ausdrücklich bedacht werden – klare Regelungen und offene Kommunikation verhindern spätere Konflikte.

Wenn einer pflegt …

Es kommt nicht selten vor, dass ein Kind sich um seine Eltern kümmert und im gemeinsamen Haus lebt. Oft wird's eng, wenn die anderen Erben nach dem Tod der Eltern sofort ihre Ansprüche anmelden. Das pflegende Kind fühlt sich ungerecht behandelt – immerhin hat es viel für seine Eltern getan, oft seine eigenen Lebenspläne zurückgestellt, und jetzt fühlt es sich in seinen Anstrengungen nicht wertgeschätzt oder verstanden. Genau einen solchen Fall hatten wir auch in der Kanzlei. Annette hatte jahrelang erst die Mutter, dann den Vater gepflegt; dabei auf eine eigene Familie verzichtet, eine Karriere ausgeschlagen. Nach dem Tod des Vaters machten Annettes zwei Brüder und die Schwester Druck.

In solchen Fällen frage ich mich oft, warum die Eltern den pflegenden Kindern keine Vergütung zugesprochen haben, um die Pflegeleistungen zu würdigen und Streit zu vermeiden. Nun waren die Eltern aber nicht mehr da und die Erben saßen an meinem Tisch. Ein langes Gespräch unter den Geschwistern begann. Manchmal braucht es nur ein wenig Anerkennung, um Spannungen abzubauen und so das Verständnis für eine faire Lösung zu fördern.

So auch in diesem Fall: Die Geschwister einigten sich. Annette konnte das Haus übernehmen und die anderen Erben auszahlen. Die weiteren Ansprüche wurden irrelevant, da alle einverstanden waren, dass dies eine faire Lösung war. Um die verhärteten Fronten aufzubrechen, ist es hilfreich, erst mit den Beteiligten einzeln zu sprechen, statt sofort alle zu einer gemeinsamen Diskussion zu zwingen. Alle wollten eine friedliche Einigung – auch wenn dies Verluste bedeuten könnte. Vor Gericht wollte niemand ziehen. In diesem Fall gelang uns eine Einigung, indem wir uns auf einen neutralen Gutachter einigten, dessen Bewertung entscheidend sein sollte. Alle stimmten zu.

Gedanke zum Mitnehmen

Nach dem Bürgerlichen Gesetzbuch sollen Pflegeleistungen, die über das übliche Maß familiärer Hilfe hinausgehen, nach dem Erbfall unter den Erben ausgeglichen werden. In der Praxis führt das regelmäßig zu Streit. Eltern und Kinder sollten daher den Mut haben, klare Absprachen zu treffen – schriftlich und zu Lebzeiten. Am fairsten ist eine direkte Bezahlung für die Pflege, zum Beispiel durch eine Anstellung als Pflegehilfe oder durch eine Schenkung zu Lebzeiten. Das sorgt für Gerechtigkeit, vermeidet Konflikte und würdigt die Pflege dort, wo sie hingehört: im Leben, nicht erst im Nachlass.

Kapitel 7

Einfach vererben ...

Das eigene Ende vordenken

Testament & Co.

Karl M. beschließt im Alter von 76 Jahren nach einem erfüllten Leben, dass es Zeit für ein Testament wird. Noch ist er aktiv, spielt regelmäßig Golf und – von den üblichen Zipperlein abgesehen – ist auch gesundheitlich (und gefühlt) deutlich jünger als die Zahl auf seinem Ausweis. Doch als er sich mit dem Stift in der Hand an seinen Schreibtisch setzt, ein weißes Blatt vor sich, stellt er fest, dass er nicht weiß, wie man ein Testament schreibt. *Was muss, was sollte, was kann hinein? Wer stellt fest, ob alles seine Richtigkeit hat? Rechtlich bindend, also rechtswirksam ist?* Denn Karl M. hat ein Lebenswerk zu vermachen: angelegtes Kapital, das Haus, in dem er nach dem Tod seiner Frau allein lebt, Kunst, ein Mietshaus, das ihm monatlich einiges einbringt … Und er hat Kinder und Enkelkinder – das jüngste ist gerade einmal fünf Monate alt. Er wendet sich an einen Golffreund, von dem er weiß, dass er sich als Anwalt mit solchen Sachen auskennt …

Unser fiktives Beispiel zeigt: Es ist nicht so leicht, wie es klingt, ein Testament zu verfassen – vor allem, wenn es einiges zu vererben gibt. Was also tun? Fangen wir beim grundsätzlichen und einfachsten Punkt an: *Was ist ein Testament?* Der Begriff kommt – wie so vieles – aus dem Lateinischen und bedeutet nichts anderes als »letzte Verfügung« oder »letzter Wille«. Bezogen auf die Bibel, also das Alte und Neue Testament, bezeichnet es den Bund, den Gott mit Israel am Sinai besiegelt oder Jesus mit dem Abendmahl gestiftet hat. Heute spielt ein Testament eine entscheidende Rolle in der Nachlassplanung, denn es erlaubt Ihnen, Ihren letzten Willen verbindlich festzuhalten. Damit können Sie nicht nur von der gesetzlichen Erbfolge abweichen, sondern Ihr Vermögen auch nach Ihren Wünschen und Ihrem Gutdünken verteilen.

Eigenhändig oder notariell?

Für ein rechtlich gültiges Testament müssen zunächst einige Formvorschriften beachtet werden. Dabei gibt es zwei Hauptvarianten: das eigenhändige und das notarielle Testament. Ersteres muss vollständig von Hand geschrieben sein, Ihren vollständigen Vor- und Nachnamen enthalten, mit Ort und Datum versehen sein und klar formuliert werden. Und: Es muss am Ende mit Ihrer Unterschrift versehen sein. Übrigens muss das Dokument keinen Titel haben, Sie müssen es also nicht als »Testament« oder »Mein letzter Wille« überschreiben. Gleichwohl muss es selbstverständlich als Testament erkennbar sein. Ein solches Dokument können Sie zu Hause verwahren – eine notarielle Beglaubigung braucht es nicht.

Vorsicht: Schnell kann diese Version verschwinden oder schlicht verloren gehen. Wenn Sie also diese Testamentsvariante bevorzugen, sorgen Sie für Sicherheiten.

Tipp: Hinterlegen Sie das Original, geben Sie es also in die sogenannte »amtliche Verwahrung«. Ein unkomplizierter Vorgang, den Sie beim Nachlassgericht im Heimatort anstoßen können. Damit ist das Schriftstück nicht nur in einem sicheren Umfeld aufgehoben und vor unbefugtem Zugriff geschützt, sondern wird auch im Zentralen Testamentsregister gelistet. Und damit zeitnah gefunden. Eine kluge Entscheidung. Denn wenn jemand stirbt, erhält dieses Register vom betreffenden Standesamt eine Meldung. Vom Register geht dann eine Meldung an das zuständige Nachlassgericht und eine Info an die Verwahrstelle, das Testament an das Gericht weiterzuleiten. Somit ist Ihr Erbe auf dem richtigen Weg, denn das Testament wird, sobald es beim Nachlassgericht vorliegt, dort auch eröffnet – meist ohne die Erben. Diese – die im Testament genannten ebenso wie die gesetzlichen Erben – erhalten nach der Eröffnung ein Protokoll.

Ein weiterer Tipp: Ihren Bestattungswunsch sollten Sie nicht im Testament niederschreiben. Denn meistens ist die Bestattung längst erfolgt, wenn das Testament zum Tragen kommt.

Im Gegensatz dazu wird das öffentliche Testament von einem Notar beurkundet, was zusätzliche Rechtssicherheit bietet, da der Notar Sie auch über rechtliche Aspekte informiert.

Als Nächstes legen Sie den Inhalt Ihres Testaments fest. Hier bestimmen Sie, wer Ihre Erben sind und wie die Anteile am Nachlass verteilt werden. Sie können auch festlegen, dass bestimmte Gegenstände oder Geldbeträge an bestimmte Personen als Vermächtnisse gehen sollen.

Außerdem haben Sie die Möglichkeit, Bedingungen oder Auflagen zu hinterlegen, etwa die Pflege eines Haustieres.

Geht es um komplizierte Nachlässe oder minderjährige Erben, dann kümmern Sie sich um eine Testamentsvollstreckung – damit Ihr letzter Wille auch in die Tat umgesetzt wird. Übrigens haben enge Angehörige wie Ehepartner und Kinder rechtliche, gesetzlich geschützte Ansprüche auf einen Pflichtteil.

Enterbung

Wenn Sie den Pflichtteil eines Erben aus welchen Gründen auch immer ausschließen wollen, haben Sie in Deutschland nur wenige Möglichkeiten. Zur Erinnerung: Der Pflichtteil sichert nahen Angehörigen (Kindern, Ehegatten, Eltern) einen Mindestanspruch am Nachlass, selbst wenn sie enterbt wurden. Eine vollständige Enterbung kann nur aus wichtigem Grund erfolgen, darunter benennt der Gesetzgeber:

- schwerwiegende Verfehlungen gegen den Erblasser (versuchte Tötung, schwere Straftaten),
- schwerwiegende Verfehlungen gegen nahe Angehörige des Erblassers, etwa die Ehefrau (versuchte Tötung, schwere Straftaten).

Wenn Sie diesen Weg gehen, müssen Sie das im Testament ausdrücklich und mit Begründung festhalten. Lassen Sie sich hierzu unbedingt beraten.

Testierfähigkeit – Was heißt das?

Wesentlich für die Testamentserstellung ist, dass Sie zum Zeitpunkt der Erstellung testierfähig sind. Sie können Ihr Testament jederzeit widerrufen oder ändern. Alte Versionen Ihres Testaments sollten Sie danach vernichten. Bewahren Sie Ihr Testament an einem sicheren Ort auf oder hinterlegen Sie es beim Nachlassgericht. Es ist ratsam, Ihr Testament regelmäßig zu überprüfen und gegebenenfalls an veränderte Lebensumstände anzupassen. Bei komplexen Fragen könnte eine Beratung durch einen Notar oder Rechtsanwalt sinnvoll sein. Ehepartner oder eingetragene Lebenspartner können ein gemeinsames Testament verfassen, wobei besondere Regelungen beim Widerruf und der Änderung berücksichtigt werden müssen. Für den Schutz behinderter Angehöriger gibt es spezielle Vorgaben im sogenannten Behindertentestament. Ein gut formuliertes und eindeutiges Testament gibt Ihnen die Gewissheit, dass Ihr Nachlass nach Ihren individuellen Wünschen verteilt wird. Und es sorgt dafür, dass Streitigkeiten unter den Erben vermieden werden.

Checkliste: So verfassen Sie Ihr Testament

1. **Formvorschriften**

   Eigenhändiges Testament
   - Ist es vollständig handschriftlich verfasst?
   - Sind Ort und Datum der Erstellung vermerkt?
   - Haben Sie klare und unmissverständliche Formulierungen verwendet?
   - Ganz wichtig: Haben Sie am Ende des Dokuments mit Ihrem vollständigen Vor- und Zunamen unterschrieben?

   Öffentliches Testament
   - Ist es notariell beurkundet?

2. **Inhalt des Testaments**

   Erbeinsetzung
   - Wer erbt? Nennen Sie die Namen der Erben.
   - Wer erbt wieviel? Legen Sie die Anteile am Nachlass für die Erben fest.

   Vermächtnisse
   - Wer erhält bestimmte Gegenstände oder Geldbeträge?
   - Auflagen und Bedingungen: Haben Sie, so es sie denn gibt, Bedingungen oder Auflagen festgehalten?

   Testamentsvollstreckung
   - Ihr Nachlass ist kompliziert oder Ihr minderjähriger Enkel einer der Erben? Dann benennen Sie einen Testamentsvollstrecker.

   Pflichtteilsansprüche
   - Haben Sie den Wert möglicher Pflichtteilsansprüche beachtet?

Wichtige Hinweise

- Ist die Testierfähigkeit gegeben?
- Haben Sie einen sicheren Aufbewahrungsort gewählt (gegebenenfalls Hinterlegung beim Nachlassgericht)?
- Planen Sie die regelmäßige Überprüfung und Aktualisierung ein.
- Sie sind sich unsicher, ob alles passt? Dann nehmen Sie fachliche Beratung in Anspruch.

So könnte Ihr Testament aussehen:

Mein letzter Wille

Mit diesem Testament widerrufe ich alle bisher errichteten Verfügungen von Todes wegen. Es soll allein das hier Geschriebene gelten.

Ich, Philip Montabauer, geboren am 22.06.1956 in Schwäbisch-Gmünd, setze meinen Sohn Julian Montabauer, geb. am 23.12.1985 in Schwäbisch-Gmünd, zu meinem alleinigen Erben ein.

Gleichzeitig enterbe ich hiermit meine Tochter Sophia einschließlich ihrer Abkömmlinge und schließe sie und ihre Abkömmlinge ausdrücklich von jeder Erbfolge aus. Die enterbten Personen sollen aus meinem Nachlass möglichst nichts erhalten.
Durch Vermächtnis beschwere ich meinen Erben wie folgt: Mein Verein (TSG Grün Weiß), Fuhrweg 13, Schwäbisch-Gmünd, erhält im Wege des Vermächtnisses einen Betrag in Höhe von 20.000 EUR (in Worten: zwanzigtausend):

Schwäbisch-Gmünd, den 28. März 2024

Philip Montabauer

Pflichtteil: Im Zweifel für die engsten Angehörigen

Natürlich steht es Ihnen frei, all das, was Sie besitzen, dem zu vererben, dem Sie es vererben möchten: die sogenannte Testierfreiheit, die durch das Grundgesetz und BGB garantiert ist. Allerdings hat das deutsche Erbrecht eine Art Korrektiv für die Testierfreiheit eingerichtet: den Pflichtteil. Damit sollen die Ihnen besonders nahestehenden Personen, also Kinder, Ehepartner, unter Umständen Enkelkinder und Eltern geschützt werden. Der Gesetzgeber will, dass diese Personen nicht vollständig von der Teilhabe am Vermögen des Verstorbenen ausgeschlossen werden können.

Zu den Fakten: Ein Pflichtteil entspricht der Hälfte des gesetzlichen Erbteils. Konkret heißt das: Haben Sie Ihren Sohn, Ihre Tochter enterbt, so bekommen diese mit dem Pflichtteil immer noch die Hälfte des gesetzlichen Erbteils. So hat ein pflichtteilsberechtigter Abkömmling, der ohne Testament die Hälfte des Nachlasses geerbt hätte, im Falle einer Enterbung einen Anspruch auf ein Viertel des Nachlasswertes. Einschränkung: Dieser Anspruch bezieht sich auf Geld und ist keine Beteiligung an der Erbengemeinschaft.

Richtig verschenken

Wie komplex die Gestaltung des Erbes sein kann, haben Sie bereits gelesen. Oft passen Ihre Wünsche als Erblasser nicht zu den Erwartungen Ihrer Erben. Ein zentraler Aspekt bei jedem Testament: der Pflichtteil. Gleichzeitig werden Schenkungen zu Lebzeiten immer populärer. Kann man doch so den Nachlass verringern.

Achtung: Auch für Schenkungen müssen Regeln beachtet werden.

Lernen Sie nachfolgend, wie Pflichtteil und Schenkungen zusammenhängen und was Sie als Erblasser und was Ihre Erben beachten sollten.

Will man seinen Erben schon zu Lebzeiten Gutes tun, realisiert man das am besten mit Schenkungen. So kann – bis zu einer bestimmten steuerfreien Grenze – Vermögen noch vor dem Lebensende übertragen und so etwa Angehörige finanziell unterstützt oder das spätere Erbe zum Beispiel aus steuerlichen Gründen verringert werden.

Gut zu wissen

Für diese Fälle hat der Gesetzgeber Regeln festgelegt, die dafür sorgen, dass Pflichtteilsansprüche nicht durch großzügige Schenkungen untergraben werden. Hier kommt der **Pflichtteilsergänzungsanspruch** ins Spiel. Denn dieser spielt eine zentrale Rolle bei Schenkungen und dem Pflichtteil. Schenkungen des Erblassers müssen demnach, wenn sie in den zehn Jahren vor dem Tod gemacht wurden, bei der Berechnung des Pflichtteils berücksichtigt werden. Und so fließen diese Geschenke in den fiktiven Nachlass ein, von dem dann der Pflichtteil berechnet wird.

Besonders zu beachten: Diese besonderen Schenkungen unterliegen einer Abschmelzung. Und so gilt:

- Im Jahr vor dem Erbfall wird der volle Wert der Schenkung angerechnet, also 100 Prozent.
- In jedem weiteren Jahr vermindert sich der anrechenbare Wert um 10 Prozent.
- Schenkungen, die mehr als zehn Jahre vor dem Erbfall erfolgt sind, bleiben in der Regel außen vor, wenn das wirtschaftliche Eigentum übergegangen ist.

Eine wichtige Ausnahme gibt es jedoch für Schenkungen an den Ehepartner. Hier beginnt die Zehnjahresfrist erst mit der Scheidung oder dem Tod eines Ehepartners. Das bedeutet, dass Schenkungen an den Ehegatten, die während der Ehezeit gemacht wurden, auch dann noch für den Pflichtteilsergänzungsanspruch relevant sein können, wenn sie schon länger als zehn Jahre zurückliegen.

Ein Beispiel aus der Praxis

Philip S. starb im Jahr 2025 verwitwet. Zwei Jahre zuvor hat er seinem Sohn Julian ein Haus im Wert von 200 000 Euro geschenkt. Denn Philip möchte, dass Sophia, seine undankbare Tochter, mit der er seit Jahren im Streit liegt und die er enterbt hat, am Erbe nicht mehr bekommt als nötig. Philips Nachlass kann sich sehen lassen: Er beträgt zum Todeszeitpunkt 300 000 Euro. Allerdings kommt für Sophias Pflichtteilsberechnung zu dieser Summe noch anteilig der Wert der Schenkung hinzu, da diese im zweiten Jahr vor dem Erbfall stattfand. Es werden somit 90 Prozent des Wertes, also 180 000 Euro, zum Nachlass hinzuaddiert. Damit ergibt sich ein fiktiver Nachlass von 480 000 Euro.

Der Pflichtteil der undankbaren Tochter umfasst im Normalfall die Hälfte des gesetzlichen Erbteils. Angenommen, sie hätte ohne Testament die Hälfte des Nachlasses geerbt, dann würde ihr Pflichtteil ein Viertel der 480 000 Euro betragen, also 120 000 Euro. Hätte man die Schenkung nicht berücksichtigt, läge ihr Pflichtteil lediglich bei 75 000 Euro (ein Viertel der 300 000 Euro).

Philips Testament weist noch eine zusätzliche Besonderheit auf: Neben Sophias Enterbung hat er zwei Freunde als sogenannte Vermächtnisnehmer eingesetzt, diese sind wie Gläubiger zu behandeln. Das heißt, dass Julian als Alleinerbe jetzt dafür Sorge tragen muss, dass die Freunde seines Vaters den vorgesehenen Vermächtnisteil bekommen.

Gut zu wissen

Wer neben seinen Erben auch Freunde oder andere Menschen begünstigen möchte, sollte vor der Festlegung genau ausrechnen, ob das Erbe dafür ausreicht.

Was sollten Sie bei Schenkungen beachten?

- Behalten Sie die Zehnjahresfrist im Blick: Auf der sicheren Seite sind Ihre Schenkungen, wenn sie mehr als zehn Jahre zurückliegen. Pflichtteilsergänzungsansprüche können dann nicht mehr geltend gemacht werden – selbst wenn es sich um größere Vermögenswerte gehandelt hat.

- Dokumentieren Sie Ihre Schenkungen sorgfältig: Formulieren Sie Ihre Schenkungsverträge klar und eindeutig, halten Sie unbedingt den Zeitpunkt der Schenkung fest.
- Treffen Sie ergänzend gegenseitige Vereinbarungen: Solche Vereinbarungen ergeben dann Sinn, wenn man zum Beispiel einen notariellen Verzicht des Pflichtteilsergänzungsanspruchs festlegen möchte oder mit dem Beschenkten beispielsweise eine mögliche Rückforderung im Pflegefall vereinbart.
- Berücksichtigen Sie die steuerlichen Aspekte der Schenkungen: Sie unterliegen der Schenkungsteuer. Informieren Sie sich frühzeitig über Freibeträge und Steuersätze.
- Seien Sie transparent gegenüber den Erben: Wollen Sie Konflikte unter den Erben ausschließen, beziehen Sie alle Erben in Ihre Nachlassstrategie ein und informieren zum Beispiel über größere Schenkungen.

Gedanken zum Mitnehmen

Ein sensibles Thema erfordert Weitsicht. Das Zusammenspiel von Pflichtteil und Schenkungen zu Lebzeiten ist eine komplexe Angelegenheit, die sowohl für Erblasser als auch für potenzielle Erben von großer Bedeutung ist. Der Pflichtteil schützt nahe Angehörige, während Schenkungen eine flexible Vermögensnachfolge ermöglichen.

Wollen Sie also zu Lebzeiten Vermögen übertragen, sollten Sie sich der möglichen Auswirkungen auf den Pflichtteilsergänzungsanspruch bewusst sein und vor allem die Zehnjahresfrist im Blick behalten. Lassen Sie sich frühzeitig und umfassend beraten, etwa durch einen erfahrenen Erbrechtsexperten, um Ihre eigenen Wünsche mit den gesetzlichen Rahmenbedingungen in Einklang zu bringen und unerwünschte Folgen zu vermeiden.

Auch für Pflichtteilsberechtigte ist es wichtig, sich über ihre Rechte und Ansprüche in Bezug auf Schenkungen zu informieren, um ihren Pflichtteil gegebenenfalls erfolgreich geltend machen zu können. Letztlich erfordert eine ausgewogene Nachlassplanung, die sowohl die Interessen des Erblassers als auch die Ansprüche der Pflichtteilsberechtigten berücksichtigt, Sensibilität, Weitsicht und ein fundiertes Wissen über die Rechtslage.

Statt eines Schlusswortes: Die Erde dreht sich weiter und doch ist nichts, wie es mal war

Mein Beruf bringt mich oft zum Nachdenken – darüber, woher ich komme und was von mir bleiben wird, wenn auch ich eines Tages sterbe. Darüber, was Menschen wirklich verlieren, wenn sie sich wegen eines größeren Stücks vom Kuchen das Leben gegenseitig zur Hölle machen und das Andenken eines Verstorbenen entehren. Darüber, wie zerstörerisch und gleichermaßen zerbrechlich wir Menschen sein können. Und auch darüber, wo die Ursprünge dieser durch und durch menschlichen Eigenschaften liegen.

Die größten Krisen und die wichtigsten Feste unseres Lebens verbringen wir mit unseren engsten Vertrauten. Meistens handelt es sich dabei um Familienmitglieder: Mein Vater begleitete mich zum Altar, weil er die erste wichtige männliche Person in meinem Leben war; meine Mutter war ein Leben lang für mich da und ist es auch heute noch; meine Geschwister sind meine ersten und treuesten Freunde. Zugleich sind unsere Familienmitglieder aber auch diejenigen, die uns am meisten verletzen können – weil sie uns so nahestehen. Familien- und Liebesbeziehungen bergen das größte Potenzial für Konflikte. Und genau hier müssen wir meiner Meinung nach ansetzen, wenn wir im Leben stärker werden, weiterkommen und unser Glück finden wollen. Denn genau das birgt für uns Wachstumschancen.

Alles erlebt, alles gesehen

Wer hatte nicht schon mal dieses Wunschbild von sich: im hohen Alter zufrieden auf das eigene Leben zurückblickend? Alles erlebt, alles gesehen und ohne die geringste Spur von Reue oder Bedauern können Sie sich lächelnd zurücklehnen und voller Gelassenheit dem baldigen Ende entgegensehen? Wir alle streben nach dieser Art von Zufriedenheit im Alter. Wir wollen jemand werden, der sagen kann: »Ja, ich hatte Hindernisse auf meinem Weg und auch mal schlechte Zeiten, aber es gab eben auch viele gute Zeiten.« Jemand zu sein, der seine Konflikte angegangen ist, Dinge akzeptiert und losgelassen hat, im Wesen gewachsen ist.

Diese Art der kontrollierten Reflexion liest sich gut auf dem Papier. Doch wir wissen alle, wie schwierig das Loslassen ist. Wenn geliebte Menschen gehen, bricht die Welt zusammen. Wenn wir Gefahr laufen, unser Leben aufgrund von Alter oder Krankheit zu verlieren, verliert auch alles um uns herum an Bedeutung. Warum ist das so? Rufen Sie es sich nochmal vor Augen: dieses Bild von Ihnen, in dem Sie im Alter dem Tod ohne Angst begegnen. Warum können Sie das wohl in Ihrer Vorstellung? Weil diese gelassene ältere Version von Ihnen sich um nichts mehr sorgen muss, weil die Zukunft klar ist, weil diese Version nichts mehr regeln muss, weil sie genau weiß, dass sich die Welt weiterdrehen wird und muss.

In vielen Lebensbereichen kommt Gelassenheit erst mit dem Alter, darauf muss man wohl warten. Bei manchen Sachen aber können wir schon bedeutend früher das Gefühl der Sicherheit erfahren – und die Regelung des eigenen Nachlasses ist eine davon. Indem Sie das eigene Ableben planen, sorgen Sie für sich und Ihre Lieben vor. In vielen Familien herrscht Harmonie, bis der unerwartete Tod eines Familienmitglieds diese Einheit zerstört und Streitigkeiten auslöst. Es ist wichtig, solche Konflikte bereits im Vorfeld zu bedenken und genaue Instruktionen zu hinterlassen, wie mit Ihrem Nachlass verfahren werden soll.

»Probesterben« – Warum man das Ende eines Lebens durchdenken sollte

Es ist nicht einfach, an den eigenen Tod zu denken – und doch sollten wir diese Gedanken zulassen. Natürlich wollen wir alle alt werden – wollen bis zum Schluss gesund, aktiv und fit im Kopf bleiben. Was aber ist, wenn es anders kommt? Deswegen lohnt es sich, einmal bewusst durchzuspielen, was nach dem eigenen Tod passieren würde. Ich nenne das »Probesterben«: Einmal die Augen schließen und sich vorstellen, was passieren würde, was bleiben würde. *Wer regelt was? Wer bekommt was? Und was wäre, wenn ich nichts geregelt hätte?*

Viele Menschen glauben, es reiche, alles formlos zu notieren – ein paar Zeilen, halb getippt, halb hingekritzelt, eingeleitet mit: »Ich will, dass …« Doch genau das führt in der Praxis zu den größten Katastrophen. Denn ein solcher Zettel ist in den meisten Fällen schlicht nicht gültig. Die Folge: Die gesetzliche Erbfolge greift – mitunter gegen den Willen des Verstorbenen. Wer das Testament nicht formwirksam erstellt, riskiert, dass alles anders kommt als gewünscht.

Ich erinnere mich an eine Richterin, die mir von einem Fall erzählte, bei dem ein liebevoll formulierter letzter Wille vorlag – aber getippt und mit handschriftlichen Notizen ergänzt. Formal schlicht nicht ausreichend – also ungültig. Die Trauer war groß, das Entsetzen über die Folgen noch größer. Dabei hätte ein einfacher Termin beim Notar das alles verhindert.

Wenn Sie Ihre Liebsten nicht nur emotional, sondern auch organisatorisch entlasten wollen, sollten Sie sich einmal hinsetzen und sich selbst ein paar unbequeme Fragen stellen:

- Wissen Ihre Angehörigen, wo Ihre wichtigen Unterlagen sind?
- Haben sie Zugang zu Konten, Tresor, Versicherungen?
- Kennen sie Ihre Zugänge zu Ihren Onlineaccounts?
- Und schließlich: Haben Sie selbst eine klare Vorstellung davon, was mit Ihrem Nachlass geschehen soll?

Wenn Sie all diese Fragen nicht sicher mit »Ja« beantworten können, dann wird es Zeit für's Probesterben – Zeit für die Vorsorge.

Gleichzeitig gilt: Nicht jede oder jeder möchte ein Testament hinterlassen. Wer sich gegen ein Testament entscheidet, tut das meist bewusst. Und das ist völlig legitim. Es ist kein Versäumnis, sondern eine Entscheidung. Und es ist kein Drama, wenn kein Testament vorliegt. Die Verantwortung liegt dann bei denen, die erben. Denn ein Erbe ist nicht nur ein Geschenk, sondern auch eine Aufgabe. Streit, Unklarheiten, Recherchearbeit – all das gehört dann dazu. Und ja, das kann anstrengend sein. Es ist aber eben *nicht* mehr die Verantwortung der verstorbenen Person, sondern die der Hinterbliebenen.

Selbst wenn man ein Testament schreibt, macht man damit nicht automatisch alles richtig. Ich habe in meiner Arbeit unzählige Testamente gesehen – bei acht von zehn frage ich mich, was sich der Verfasser dabei gedacht haben könnte: unklare Formulierungen, fehlende Regelungen, widersprüchliche Aussagen. Und am Ende landen die Erben doch wieder beim Anwalt.

Gut zu wissen

Wenn Sie ein Testament aufsetzen wollen, stellen Sie dem Notar Ihres Vertrauens eine einfache, aber entscheidende Frage: »Haben Sie auch Erfahrung in der praktischen Nachlassabwicklung?« Denn Papier ist geduldig – im Gegensatz zur Realität.

Vorsorge ist also gut – wenn sie auch gut durchdacht ist. Kein Testament zu hinterlassen, ist völlig legitim – wenn man sich der Folgen bewusst ist. Beides hat mit Verantwortung und Haltung zu tun, nicht nur mit Paragrafen. An dieser Stelle zählt nicht die Perfektion, sondern die Klarheit – für sich selbst und für die, die bleiben.

Ich bin jetzt 44 Jahre alt, und ja: Ich habe mich eingehend mit meinem Tod beschäftigt und den Prozess des »Probesterbens« mehrfach durchgezogen. Ich weiß nicht, wie und wann mein wirklicher Tod eintreten wird, aber ich kann schon heute festlegen, welche Folgen mein Ableben für meine Lieben haben wird. Ich kann schon jetzt verhindern, dass sie zusätzlich zu dem Verlust, den sie dann überwinden müssen, auch noch gezwungen sind, sich Sorgen um irgendwelche Erbangelegenheiten zu machen.

Das Probesterben mag vielen als skurrile Praxis erscheinen. Und vielleicht haben auch Sie Angst, es einmal auszuprobieren. Doch seien Sie sich der möglichen Konsequenzen bewusst, wenn Sie es nicht tun: Die meisten Probleme bei einem Erbprozess entstehen genau dann, wenn die Nachfolge nicht geregelt wurde. Also wagen Sie es – dem

Wohle Ihrer Familie zuliebe. Bedenken Sie dabei auch: Wenn Sie jetzt Ihre Entscheidungen und Wünsche nicht eindeutig und rechtssicher formulieren, dann wird eines Tages jemand anderes über Ihren Nachlass entscheiden und es ist nicht sicher, dass es in Ihrem Sinne sein wird. Das ist eine absolute Gewissheit.

Niemand schuldet Ihnen etwas

Natürlich sollte die Familie für uns alle ein Kraftort sein, unser stabiles Fundament, das uns besonders in Krisenzeiten Schutz und Geborgenheit gibt. Doch familiäre Bande können von unklaren Nachlassregelungen auch stark belastet werden. Die Ursache dafür sollte jeder zunächst in sich selbst suchen, in der eigenen Fähigkeit, Tatsachen zu akzeptieren, statt sie als persönliche Benachteiligung zu sehen.

Der Autor Harry Browne schrieb einmal in einem Nachlassbrief an seine damals neunjährige Tochter: »Niemand schuldet dir etwas.« Diese simple Wahrheit macht er als wichtigste Erkenntnis seines Lebens aus und gibt sie mit seinem Brief als Geschenk an sein Kind weiter. Seine Intention? Er will, dass seine Tochter glücklich ist. Sobald wir verstehen, dass uns nichts von Geburt wegen zusteht, lernen wir, den Willen unserer Mitmenschen zu akzeptieren.

Niemand ist dazu verpflichtet, mich zu lieben. Niemand ist dazu verpflichtet, mir etwas zu geben. Niemand ist dazu verpflichtet, etwas mit mir zu teilen. Sobald ich das anerkenne, finde ich wahre Zufriedenheit und die Einsicht, dass ich nichts von all dem, das für mich einen Wert hat, als selbstverständlich nehmen kann.

Jeder Erblasser darf selbst frei über sein Vermögen verfügen. Wenn zum Beispiel jemand einen Ring an die Tochter statt an den Sohn vermacht, dann ist das der Wunsch. Und wenn ich meiner Schwester 10 000 Euro hinterlassen möchte, dann tue ich das aus einem inneren Bedürfnis heraus. Es ist mein Wille *und* mein Wunsch. Indem man akzeptiert, dass dann auch andere ein Anrecht auf die Erfüllung wiederum ihrer Wünsche haben, erreicht man die Art inneren Wachstums, die wir mithilfe eines Erbfalls erreichen können. Das bedeutet aber nicht, dass man auf der Erbenseite darüber nicht auch enttäuscht sein darf, sondern lediglich, dass wir diese Entscheidungen annehmen müssen und dabei vielleicht sogar den Mut und die Kraft finden, uns selbst zu fragen: *Warum ärgert mich das? Was ist der Auslöser und was kann ich daraus lernen?*

Manchmal bringt uns etwas nun mal aus dem Gleichgewicht, wird uns wie eine Bratpfanne metaphorisch auf die Nase gehauen. Das tut sicher weh und kann uns auch berechtigterweise ärgern. Wir können dann diese Gefühle ignorieren oder sie wegwischen – wir können aber auch mit ihnen umgehen lernen, sie als einen Hinweis darauf sehen, dass etwas in uns Aufmerksamkeit braucht. Dieser Prozess des Hinschauens, Erkennens, der Reflexion führt dazu, sich selbst im Frieden zu begegnen, statt im Krieg mit sich oder anderen zu leben.

Glossar

Alleineerbe

Eine Person, die das gesamte Vermögen des Erblassers erbt. Gibt es ein Testament, wird der Alleinerbe dort benannt. Ohne Testament kommt diese Rolle selten vor.

Aufgebotsverfahren

Ein gerichtliches Verfahren, um unbekannte Gläubiger eines Nachlasses ausfindig zu machen. Wer Ansprüche hat, muss sich innerhalb einer Frist melden. Danach sind »späte« Forderungen ausgeschlossen.

Betreuung (gesetzlich)

Wenn Erben geschäftsunfähig sind, bestellt das Gericht eine Betreuung. Diese Person verwaltet den Erbteil, bis die Erben selbst handeln können.

Bonusfamilien

Patchwork-Konstellationen: Kinder aus früheren Partnerschaften, Stiefkinder oder neue Partner. Sie sind nicht automatisch erbberechtigt, wenn kein Testament existiert.

Digitales Erbe

Umfasst Online-Konten, E-Mails, Social-Media-Profile und digitale Verträge. Auch diese Zugänge müssen geregelt und vererbt werden.

Enterbung

Bewusster Ausschluss einer Person vom Erbe durch Testament oder Erbvertrag. Enterbte pflichtteilsberechtigte Angehörige behalten jedoch meist ihren Pflichtteilsanspruch.

Erbauseinandersetzung

Die Aufteilung des Nachlasses zwischen mehreren Erben. Sie kann formlos erfolgen oder in einem schriftlichen Erbauseinandersetzungsvertrag.

Erbauseinandersetzungsvertrag

Vertrag, in dem die Erben verbindlich festlegen, wie der Nachlass verteilt wird. Oft vom Notar beurkundet, vor allem wenn Immobilien dazugehören.

Erbbaurecht

Das Recht, auf einem Grundstück zu bauen und es zu nutzen, ohne Eigentümer zu sein. Oft bei Kirchen oder Kommunen zu finden – Erben übernehmen dieses Recht mit.

Erbengemeinschaft

Alle Erben gemeinsam bilden automatisch eine Erbengemeinschaft. Sie müssen so lange zusammen über das Vermögen entscheiden, bis es aufgeteilt ist.

Erbschein

Ein amtliches Dokument, das bestätigt, wer Erbe ist und in welcher Höhe. Oft nötig gegenüber Banken oder Grundbuchämtern.

Generalvollmacht

Eine Vollmacht, die einer Person weitreichende Befugnisse erteilt – auch über den Tod hinaus. Bevollmächtigte müssen Erben gegenüber Rechenschaft ablegen.

Internationales Erbrecht

Regelt, welches nationale Recht gilt, wenn Vermögen im Ausland liegt oder Erben in verschiedenen Ländern wohnen. Maßgeblich ist oft der letzte gewöhnliche Aufenthalt des Erblassers.

Legitimationsnachweis
Nachweise wie Ausweis, Sterbeurkunde oder Erbschein, die gegenüber Banken, Behörden oder Versicherungen belegen, dass man erbberechtigt ist.

Minderjährige Erben
Kinder, die erben, können nicht selbst über ihren Anteil verfügen. Eltern übernehmen bis zur Volljährigkeit die Verwaltung.

Nachlass
Das gesamte Vermögen und alle Schulden einer verstorbenen Person. Dazu gehören Immobilien, Konten, Versicherungen, Gegenstände, aber auch Verpflichtungen.

Nachlassgericht
Abteilung des Amtsgerichts, die für Nachlasssachen zuständig ist: Testamentseröffnung, Erbschein, Nachlasspflegschaft.

Nachlasspfleger
Wird vom Nachlassgericht eingesetzt, wenn unklar ist, wer die Erben sind und ein Sicherungsbedürfnis besteht.

Nachlassverwalter
Wird vom Nachlassgericht eingesetzt, wenn der Nachlass überschuldet oder besonders unübersichtlich ist. Der Nachlassverwalter begleicht die Schulden aus dem Nachlassvermögen und verteilt, was übrig bleibt, an die Erben. Vorteil für die Erben: Ihre Haftung wird auf den Nachlass beschränkt – sie müssen also nicht mit ihrem Privatvermögen für unbekannte Schulden einstehen.

Nachlassverzeichnis
Eine Übersicht aller Vermögenswerte und Schulden des Erblassers. Pflichtteilsberechtigte können ein solches Verzeichnis verlangen.

Pflege gegen Haus

Eine typische Abmachung: »Du pflegst mich, dafür bekommst du das Haus.« Steuerlich riskant, denn Pflegeleistungen werden oft nicht als Gegenleistung anerkannt. Es kann Schenkungsteuer anfallen.

Pflichtteil

Gesetzlich garantierter Mindestanspruch naher Angehöriger (Kinder, Ehepartner, Eltern), auch wenn sie enterbt wurden. Er beträgt die Hälfte des gesetzlichen Erbteils.

Pflichtteilsergänzungsanspruch

Anspruch Pflichtteilsberechtigter, wenn der Erblasser zu Lebzeiten größere Schenkungen gemacht hat. Die Zehnjahresfrist ist hier entscheidend.

Schuldenerbe

Erben übernehmen nicht nur Vermögen, sondern auch Schulden. Wer ein überschuldetes Erbe nicht annehmen möchte, muss es aktiv ausschlagen.

Testament

Schriftliche Erklärung des letzten Willens. Entweder handschriftlich oder notariell errichtet. Muss beim Nachlassgericht eingereicht werden.

Testamentsvollstrecker

Vom Erblasser eingesetzte Person, die den Nachlass im Sinne des Testaments abwickelt. Der Testamentsvollstrecker entlastet die Erben, hat aber weitreichende Befugnisse.